JEAN FONSETOUT

INSTRUCTIONS ÉLECTORALES

A L'USAGE

DE TOUT FRANÇAIS

QUI AIME SON PAYS

PARIS
LIBRAIRIE CATHOLIQUE INTERNATIONALE
6, rue Cassette, et 14, rue Mézières

1885

57b

INSTRUCTIONS ÉLECTORALES

Lb 57
8941

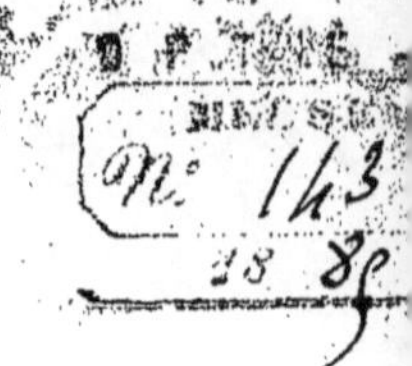

JEAN FONSETOUT

INSTRUCTIONS ÉLECTORALES

A L'USAGE

DE TOUT FRANÇAIS

QUI AIME SON PAYS

PARIS
LIBRAIRIE CATHOLIQUE INTERNATIONALE
6, rue Cassette, et 14, rue Mézières

1885

INSTRUCTIONS ÉLECTORALES

I

La situation.

France, ô ma patrie, qu'est devenue ton antique splendeur? Quel vent empesté a donc soufflé sur toi du nord au midi, de l'orient à l'occident? J'interroge les événements, j'observe mes contemporains et partout je ne vois que défaillance, corruption, affaissement des caractères, inquiétude vague des esprits : autant de signes certains d'une décomposition sociale.

Faut-il, morne et silencieux, assister à une agonie commencée il y aura bientôt un siècle, avec des alternatives, c'est vrai, mais qui à l'heure présente semble toucher au dénouement fatal? ou bien faut-il faire comme le Juif qui, prévoyant la ruine de sa patrie, se mit à crier : Malheur à toi, Jérusalem, malheur à toi? Non, non, elle ne mourra pas notre France, son cœur bat encore; mais, depuis trop longtemps déjà, les miasmes délétères compromettent sa santé, depuis trop longtemps des vampires sucent le plus pur de son sang, et si cet état se prolonge encore, peuple français, une toute petite pierre se détachant de la montagne suffira pour te donner la mort.

La France a eu parfois de mauvais jours durant les quinze siècles de son histoire. Quelle est la nation qui peut se vanter d'avoir échappé aux maux nombreux qui affligent l'humanité, sans distinction de latitudes et de climats? Les revers et les calamités qu'essuyèrent nos aïeux eurent le plus souvent pour cause des événements extérieurs qui n'étaient pas leur fait. Si le Normand, l'Anglais et le Teuton ont foulé le sol français, ces conquérants d'occasion apprirent plus d'une fois combien était lourde l'épée de la France, et la valeur de nos pères a été chantée par les poètes d'Outre-Rhin et d'Outre-Manche. La gloire de notre patrie a comme d'un foyer immense rayonné sur le monde entier, jusqu'au jour où, prise d'une folle ivresse, elle a tourné contre elle-même sa prospérité et sa grandeur. Aujourd'hui enfin, conspuée au dehors, trahie au dedans, elle travaille aveuglément à sa perte.

L'histoire en main, on peut comparer la France à ces peuples de l'antiquité qui furent les pionniers de la civilisation et qui, sous les coups de la vengeance céleste, ont cessé de vivre comme nations. Ah! c'est que tout se brise, quand le souverain constructeur de ces vastes machines retire sa main; on voit surgir des conseillers ineptes ou perfides qui poussent l'Etat vers sa ruine : ils sont comme frappés de démence ou tout au moins d'imbécillité. Dieu ne veut pas qu'il se trouve un homme capable de proposer ou de prendre un parti sage et prudent. Le maître souverain appelle ceux qui doivent servir ses desseins; ce sont les verges de sa vengeance; il les arme de son indignation et les ministres de sa colère s'élancent avec orgueil pour exécuter ses ordres. Malheur au peuple sur lequel ils viennent fondre; ce peuple devient la proie de l'iniquité et ne tarde pas à être réduit à se déchirer de ses propres mains; l'un s'abreuve de sang et en est encore altéré, l'autre dévore ses victimes et n'est point rassasié. Le sang coule partout, dans la plaine, sur les montagnes; partout sur les ruines de la liberté gisent les cadavres des citoyens qu'une main invisible avait armés.

Eh! qui a pu attirer tant de calamités sur ce pays? C'est que les lois divines et humaines ont été transgressées. Une terrible malédiction pèse sur le peuple, un feu secret le consume, et les auteurs de ces maux méconnaissent la main qui les fait mouvoir. Ils ne sont que des marionnettes entre les mains du Tout-Puissant : ils s'attribuent néanmoins à eux-mêmes le succès de leurs criminelles entreprises ; ils s'applaudissent d'avoir, suivant leur caprice, changé les institutions, pillé le trésor et fait verser des torrents de larmes à la veuve et à l'orphelin. Et, chose incompréhensible, personne n'ose crier au voleur, à l'assassin! Mais voilà qu'eux-mêmes étaient maudits d'avance par la justice divine : ils ont fait des lois tyranniques, eux qui naguère encore criaient de toute la force de leurs poumons : *Liberté!*

Prêtez l'oreille, vous qui avez blasphémé contre Dieu et contre son Christ, écoutez votre sentence. Le torrent de maux que vous avez déchaîné vous entraînera avec vos victimes. Vous avez voulu tout détruire, et vous serez détruits, renversés à votre tour. Tel est le sort des impies en ce monde.

Oui, peuple français, ils cesseront d'être ces hommes de violence et de rapine, qui ont abusé de leur autorité et de ta patience, ces êtres pervers qui méditent de nouveaux crimes, en se gorgeant d'or et de voluptés dans des palais qui n'avaient pas été faits pour eux. Longtemps avant qu'ils fussent vomis sur la terre, tous leurs pas étaient comptés ; leurs crimes étaient racontés d'avance.

Recueille-toi, France, et porte tes regards sur un passé qui n'est pas si éloigné. De ton sein sortirent des scélérats qui firent tout trembler ; tous eurent une fin digne de leur vie. Il est des êtres si malheureusement doués qu'on serait tenté de les prendre pour des créatures dépravées à qui un Dieu vengeur n'a laissé de génie que pour le mal. Excepté pour le bien, ils ont partout ailleurs tout ce qu'il faut pour nuire : cette abondance, cette plénitude de conceptions, d'artifices, de ruses sataniques et de ressources qu'il faut pour dominer à l'école du mensonge et de la dépravation. Ils excellent à méditer les attentats, à préparer les bouleversements, à réduire en art la ruine de l'autel et du trône ; ils ne sont nuls que là où commencent le juste et l'honnête. Quand le ciel en courroux permet que ces êtres paraissent, il n'a qu'à leur livrer la terre. Ce fléau seul le vengera.

Comme au lendemain d'un orage on voit pulluler à la surface du sol des salamandres, des reptiles de toute sorte, et la vermine que la terre recélait dans son sein, de même au lendemain d'un malheur national on voit sortir des bas-fonds de la société d'ignobles farceurs, rebuts de l'espèce humaine, qui, sans droit et sans mission, s'emparent de l'autorité à leur profit personnel, à la faveur de l'effarement général. Certes, la grandeur des peuples n'est pas l'effet du hasard ni d'un destin aveugle et impuissant; celui qui veille aux grandes et aux petites choses récompense par des prospérités les vertus des princes et des sujets ; mais dès que les uns et les autres s'éloignent du devoir, aux rivalités du dedans viennent s'ajouter les maux d'une guerre avec l'étranger. C'est bien là le sort de notre pays, ou je n'y vois goutte. Les peuples ont perdu la crainte du nom français. Ceux qui étaient hier à nos pieds, aujourd'hui nous insultent. Le rouge me monte au front à ce spectacle. Et toi, peuple, laisseras-tu le pouvoir de te gouverner entre les mains d'individus qui, faisant litière de ton honneur, n'ont que le vil souci de s'enrichir à tes dépens ?

S'il est vrai que les peuples ont le gouvernement qu'ils méritent, quelles iniquités la France n'a-t-elle pas commises ! Assez, mon Dieu, ne l'achevez pas ! Elle est assez humiliée d'avoir pendant quinze ans subi le joug des sinistres politiciens qui n'ont d'égaux dans l'histoire que les monstres les plus odieux. Ils se disent républicains comme pour nous convaincre plus encore que ce qualificatif est synonyme de menteur et de malhonnête citoyen. En effet, quel phénomène qu'un républicain honnête ! C'est un prodige aussi étrange qu'une vipère sans venin, qu'un tigre sans férocité. L'expérience nous prouve surabondamment que mettre des républicains à la tête d'une république, c'est confier à des rêveurs, à des utopistes la barque de l'Etat, c'est introduire l'ennemi dans la place. Nos pères vécurent sous ce régime de 1793 à 1800 ; mais par lassitude et par dégoût ils se hâtèrent de revenir de leurs égarements pour se ranger à l'ombre du drapeau d'un soldat heureux. Français, pourriez-vous douter encore que ce régime, tant choyé par les gens tarés, vous mène à la ruine et au déshonneur ! Attendrez-vous que vous en soyez morts pour convenir que vous n'en pouvez pas vivre !

Depuis 1789, la France a changé sa forme de gouvernement aussi souvent qu'une écrevisse renouvelle sa carapace. Elle a eu un roi avec des parlements, un roi avec les états généraux, une assemblée constituante; la nation, la loi, le roi, avec une assemblée législative, la commune de Paris, les clubs, la république, le tribunal révolutionnaire, la Convention, la Terreur, le Directoire avec cinq rois au lieu d'un, le conseil des Cinq cents, celui des Anciens, trois consuls, dont un à vie, toujours avec la république, deux assemblées et un tribunat, un empereur avec deux chambres, un sénat où de vieux révolutionnaires deviennent grands seigneurs, et le corps législatif où les grands parleurs apprennent à se taire; la restauration, l'empire, la restauration, le gouvernement de juillet, la république, l'empire, la république. Quel chaos ! on croirait assister à une féerie des ombres chinoises. Le gouvernement de notre pays est devenu comme une timbale que de hardis grimpeurs se disputent. C'est un manège à chevaux de bois qui paraissent et disparaissent, c'est une arène où chacun combat pour avoir une meilleure pâture, pour vivre aux dépens de ses concitoyens, après les avoir vaincus. C'est une immense maison de fous dont les hôtes rivalisent d'excentricités.

Mais après les folles orgies qui l'avaient déshonorée à la fin du siècle dernier, qui aurait cru que la France se serait naïvement soumise à une nouvelle épreuve, lorsqu'en 1870, à la suite de nos revers, tous les Jules se croyant prédestinés eurent l'audace de proclamer la république ? Il aurait bien mérité de la patrie celui qui, prenant ces avocats au collet, les eût conduits à l'ennemi avec les honneurs dus à leur rang. Ce courage fit défaut; apparemment que la coupe des humiliations n'était pas encore pleine; mais aujourd'hui que le doute n'est plus permis sur le désintéressement et l'honnêteté prétendus de ces gens-là, il faut essayer de remonter le courant sur lequel ils ont engagé notre barque; car tout près, là-bas, on peut prévoir la culbute et le naufrage.

Au milieu des troubles et des passions tumultueuses qui agitent la France, tous les partis, toutes les classes, depuis le plus humble jusqu'au plus grand, chacun veut le bonheur public, par la gloire de la patrie, l'ordre et la liberté. Ces mots ronflants sont d'un bel effet, mais on en abuse pour le moins autant que du ruban rouge. Jamais il n'y a eu moins de liberté, de fraternité et d'égalité que depuis le jour où ces trois mots sacramentels sont écrits sur les monuments publics et aux coins de chaque rue. L'égoïsme lui-même, malgré sa corruption, soutient qu'il ne désire rien plus ardemment que le bien du prochain. C'est le masque dont il se couvre pour cacher toute la perfidie de ses projets ultérieurs.

Si tous veulent le bonheur public, comment se peut-il que, pour le procurer, ils prennent tous des chemins opposés ? Le bonheur moral et individuel naît de la vertu, mais le bonheur matériel ne peut naître que de l'ordre public; et la vertu des nations consiste dans la fidélité au principe qui les a faites grandes et prospères. Malheur à celles qui s'en écartent ! La France l'a osé plus d'une fois, et toujours l'anarchie ou le despotisme a remplacé le repos, le bonheur et la liberté.

Quel spectacle affligeant elle offre, de nos jours, aux yeux de tout bon français ! Des symptômes caractéristiques de décadence se manifestent de toutes parts, depuis que le tourbillon révolutionnaire l'a entraînée hors des voies que lui traça la main des siècles. Rien de fixe, rien de constant dans les idées. Hier, pour les émeutiers, l'insurrection était le plus saint des devoirs, et ceux qui proclamaient ce principe démagogique répondent aujourd'hui :

Résistance, à la nation qui leur crie : *Réforme !* La discorde est partout. En politique c'est quelque chose comme la nuit, comme le chaos qui précéda la création; c'est ce qui dut se passer au pied de la tour de Babel, lors de la confusion des langues; et quelle puissante main ne faudra-t-il pas pour débrouiller les idées confuses qui se partagent l'empire des esprits français ! Si je ne m'abuse, pour remettre chaque chose à sa place, il va falloir de rudes coups de sabre et un génie organisateur bien trempé.

Le peuple, dit-on, commence par avoir des nausées et réclame les libertés qu'on lui a enlevées au mépris de toutes les promesses. Partout on ne voit qu'imposture, mensonge, félonie et désertion. Quelle horreur ! Anathème aux traîtres ! Tout ce qu'ils ont dit, leur conduite le dément; tout ce qu'ils ont démenti, leur conduite le justifie. Ils se disaient amis de la vérité, et les voilà qui profanent nos temples, qui renversent les croix. Leur rage contre le christianisme se traduit par toutes sortes de vexations. A l'exemple des plus fanatiques persécuteurs, ils entrent en fureur quand ils entendent prononcer le nom du Christ et de son Eglise. Soyez musulman, juif, quaker ou mormon, mais gardez-vous d'être chrétien; dès qu'ils n'ont plus rien à craindre d'une société avachie, ils étalent au grand jour leur impiété, leur hypocrisie. L'affiche portait *liberté* et, le rideau levé, on lit *supercherie, mensonge.* Eh bien ! comédiens politiques, la France est dégoûtée de votre pièce. Elle peut, non sans raisons, vous demander ce que vous avez fait de ses trésors, de ses armées, de son prestige; et moi je vous crie : Qu'avez-vous fait de son honneur ?

Ah ! quand je vois mon pays à la merci de forbans sans aveu, qui n'ont pas même la générosité ni l'audacieuse franchise du détrousseur de grand chemin, je suis navré, et je maudis les lâches qui, par leur indifférence, se sont faits leurs complices. Les uns inspirent de l'horreur, les autres du mépris. La partie de la nation restée relativement saine jusqu'ici, le peuple, celui de la campagne surtout, ne sait vers qui se tourner. Le noble, le bourgeois et l'industriel enrichi n'aspirent qu'au repos, ne demandent qu'à jouir de leur fortune; pourvu que rien ne les trouble dans leurs plaisirs et leurs jouissances, que leur importe le reste ? De la France, ils s'en moquent comme des neiges d'antan. L'auteur qui a dernièrement écrit les *Inutiles du mariage,* a un titre tout trouvé dans les inutiles de la société, *Quorum Deus libido est.* Je les suppose même assez lâches et manquant de ressort, au point de ne pas oser se défendre contre les agresseurs qui leur crieront : La bourse ou la vie ! Si je me trompe, je veux être pendu aux lieu et place de ces aimables citoyens.

Ces terrifiantes réalités sont entrevues par les moins clairvoyants. Chacun souhaite un état de choses meilleur; celui-ci ferait volontiers les frais d'une ficelle d'argent, et celui-là d'un grelot d'or ; mais l'attacher, oh ! doucement !

Les oppresseurs ont beau jeu. C'est pour le peuple qu'ils font toutes les révolutions, et le peuple les aide au prix de son sang et de son dernier écu. Pauvre peuple, l'expérience ne lui servira donc jamais de rien ! Il a toujours été la bête de somme sur laquelle sont montés tous les ambitieux qui ont voulu arriver au pouvoir. Pas un coup ne se donne par lui sans qu'il éprouve les trois quarts du choc et du dommage et dont il ne soit la première victime. Les républicains mettent un art infini dans leurs protestations de dévouement aux intérêts du peuple. Alors même qu'ils avilissent, qu'ils ruinent le peuple, ils arrivent à lui persuader que tout cela se fait pour son plus grand bien. Et comment ne serait-il pas trompé ? Ceux qui sont ses véritables amis ne parlent jamais de lui. On dirait qu'ils veulent à dessein laisser aux oppresseurs tous les avantages des mots les plus propres à séduire. Dans leurs manifestes, les hommes d'ordre parlent volontiers des intérêts de la société, des droits du gouvernement et de la loi ; jamais ils ne mettent en avant la cause du peuple. Feraient-ils autrement, s'ils conspiraient contre eux-mêmes ?

Les sectaires s'emparent des noms les plus honorables; ils se disent hommes libres, amis de la raison, libéraux, amis des lumières, tandis qu'ils affublent tout ce qui n'est pas eux, des noms les plus ridicules. En dehors de leur clan, il ne peut y avoir que des gens à préjugés, des sots, des fanatiques, des valets du despotisme. On sent combien de puissance doit avoir ce langage sur la foule ignorante et même sur cette tourbe de faux savants incapables de pénétrer au-dessous des mots pour y trouver la valeur réelle des personnes et des choses.

On comprend mieux encore combien de prosélytes doivent faire ces dénominations de libres-penseurs, d'esprits forts, libres de préjugés, si séduisantes pour toutes les médiocrités vaniteuses qui ont besoin, pour être en vue, de monter sur des tréteaux.

Qu'un politique se distingue parmi tous ceux qui travaillent au renversement de l'ordre social, on s'efforce de lui concilier l'estime publique en lui donnant un nom à effet. On le place aussi haut que possible dans l'échelle du progrès, on dit de lui qu'il est avancé. C'est un parti, c'est un homme avancé, très avancé. Clémenceau est un homme avancé quand on le compare à ces retardataires qui croient la république compatible avec la liberté. Mais bientôt il sera lui-même en retard si on le compare à Rochefort et autres qui réclament l'abolition de la propriété : ceux-là sont des hommes très avancés. Tous ces orateurs de banquets, dont les discours sont l'apologie de la guillotine, du pétrole et de tant d'autres aménités sociales, ne sont pas, comme on pourrait le croire, des fauteurs de brigandage, ils sont seulement des hommes avancés, très avancés, les plus avancés. Le fait est que l'on ne trouvera guère au-dessus d'eux que les assassins de la Commune, à moins cependant que les malfaiteurs qui attendent leurs victimes au détour d'un chemin ne veuillent leur disputer la prééminence comme inventeurs d'un nouveau droit public et d'une nouvelle manière d'acquérir. Ceux-là, en effet, sont tellement avancés, que nous ne voyons guère comment il serait possible d'aller au delà.

Il faut être juste cependant : les sectaires républicains sont trop habiles pour déconsidérer les mots dont ils ont encore besoin. Justes appréciateurs de la crédulité populaire, ils savent s'arrêter à temps et ne pas permettre que l'on donne les noms dont ils se parent aux dernières conséquences de leurs systèmes politiques.

Le parti que l'on est convenu d'appeler le parti des honnêtes gens et que l'on ferait mieux d'appeler les bonnes gens, les gens polis, se rangent du côté des sectaires pour recommander la modération du langage et empêcher surtout que les pervers ne soient jamais appelés par leur nom. Aussi les aventuriers politiques, les pétroleurs, les émeutiers savent, à la faveur de cette inertie, utiliser les bras de la tourbe populaire pour se maintenir au poste qu'ils ont usurpé.

Ils sont tous des voleurs, des pillards, des assassins, capables de se porter aux derniers excès pour arriver à leurs fins; mais pas un Français n'osera le leur dire en face; on bégaie tout bas : Ce sont des hommes avancés. Comment ne pas voir tout ce que ce langage séduisant contient de passion? Cette perversion de notre langue permet au crime de marcher tête levée au milieu d'une société qui consent à le courtiser en le saluant d'un nom usurpé.

Ah ! que l'on oublie vite en France ! Je sais que la faculté d'oublier est un des biens de l'homme qui est incapable de porter à la fois le passé et le présent; mais cette faculté devrait avoir une mesure. Qui oublie trop vite n'est ni assez instruit, ni assez corrigé. Ceux qui ont perdu le souvenir des calamités dont notre pays a souffert et souffre encore, sont incapables de m'entendre; mais peut-être en est-il d'autres qui se rappellent, qui prévoient; à ceux-là, je dis : Le passé m'attriste, l'avenir m'effraie. La douleur de l'homme sensible aux maux de son pays est comme la lampe qui veille auprès des tombeaux ; qui oserait l'éteindre?

On nous demandera peut-être quels sont les oppresseurs dont nous parlons; le voici. Une secte nombreuse travaille depuis longtemps à détruire la spontanéité individuelle. Son but est de remplacer la civilisation par l'égalité matérielle. Les partisans de cette doctrine s'associent tous les jours beaucoup d'hommes, particulièrement dans les classes ouvrières, et qui sont comme les instruments de propagation et d'exécution. Pour arrêter les hommes dans les voies de la science, pour enchaîner leurs penchants vers la fortune et la propriété particulière, il faut les comprimer d'abord et ensuite les retenir, par la tyrannie des lois. Nous donnons donc le nom d'oppresseurs à tous les partisans de cette doctrine et à tous ceux qui, sans le savoir, travaillent au profit de la secte. On comprend que tous les efforts des sectaires doivent se porter contre la seule digue infranchissable que puisse rencontrer le communisme : liens de la société politique par le droit divin de l'autorité; liens de la société civile par le droit de propriété; liens de la famille par les droits du père. Nous appelons oppresseurs et tyrans, les partisans de l'omnipotence de l'Etat; les destructeurs des nationalités particulières au profit d'une nationalité centrale destinée à opprimer plus facilement toutes les extrémités; ceux qui ont recours à la force brutale des émeutes, aux passions aveugles pour renverser ce qui n'est pas eux; ceux qui s'arrogent le droit de prendre dans la bourse du peuple sans compter; ceux qui veulent se substituer à la famille pour former l'esprit et le cœur de l'enfant; ceux qui tyrannisent les consciences, sous prétexte de les affranchir. Enfin, brisant le voile de toute comparaison qui pourrait cacher la vérité, j'appelle oppresseurs et tyrans hypocrites, tous les fanatiques sectaires et les énergumènes qui, depuis des années, ruinent la France.

A la veille des élections, où va se jouer encore une fois le sort de mon pays, je crierai aux électeurs : A vous de purifier l'or des ordures qui le souillent; à vous de faire bonne et prompte justice de gouvernants indignes de vos faveurs. Le temps est venu de vous dire la vérité tout entière sur les grands principes qui servent de base à la société.

Si le talent me manque, ce n'est pas la bonne volonté ni l'amour de mon pays; mon indépendance sera la garantie de ma sincérité, trop heureux si mes leçons portent quelque lumière dans l'esprit de mes concitoyens, à l'encontre des égoïstes qui les trompent en battant suffrage et monnaie sur leur dos.

II

De la société.

Les hommes, en s'unissant pour vivre sous des lois communes, n'ont fait qu'obéir à l'impulsion irrésistible de la nature. C'est donc dans la nature et non dans les institutions humaines qu'il faut chercher les principes fondamentaux de l'ordre social. Le plus célèbre des philosophes de l'antiquité a défini l'homme « un animal politique ou social. » En effet, la longueur et les besoins de son enfance, l'usage de la parole qui le distingue de tous les animaux, sa perfectibilité qui ne connaît point de terme et qui ne peut se développer que par le commerce avec ses semblables, les affections qui le font jouir ou souffrir dans les autres, ses passions, ses vertus, ses vices même, tout démontre qu'il est né pour la société.

La société domestique est le premier vœu de la nature ; mais elle n'en remplit pas toutes les vues. Elle est trop rétrécie pour suffire aux penchants de l'homme, à ses besoins, à ses dangers. Les liens du sang se relâchent à mesure qu'ils s'étendent ; les familles tendent sans cesse à se séparer ; l'autorité qui doit les contenir, la force qui doit les protéger s'évanouiraient bientôt, si elles ne se réunissaient pas en une seule famille politique. La famille est l'élément de la société civile. Sans la première, les individus ne pourraient se conserver ; sans la seconde, les familles ne peuvent se perpétuer.

A ce premier élément vient s'en ajouter un second : la propriété. Il est évident que le genre humain ne peut se multiplier à un certain degré, ni subsister avec aisance, si le droit de propriété n'est pas reconnu. Le droit de propriété augmente la valeur de la terre en la fécondant par la culture ; il conserve jusqu'à parfaite maturité les fruits que le premier occupant détruirait avant terme. Il étend et perfectionne les commodités de la vie, par l'échange que les hommes font entre eux du produit de leurs fonds et du fruit de leur industrie. Les avantages de la propriété sont tels que, partout où ce droit est reconnu, ceux mêmes qui n'ont aucune propriété personnelle sont mieux pourvus contre les besoins de la nature que ne l'est aucun de ceux qui errent dans ces vastes solitudes où tout est en commun. Mais quoique le droit de propriété ait son fondement dans la nature, il faut convenir qu'il ne peut être réglé et protégé que par le droit civil. Il serait même facile de prouver que la propriété foncière ne peut exister que dans la société civile et qu'il n'y a de société civile proprement dite que parmi les nations agricoles.

Enfin, la société civile est la conséquence du principe en vertu duquel l'espèce humaine tend continuellement à se perfectionner. Ce n'est pas en s'éloignant de la nature, comme l'ont soutenu quelques philosophes, c'est en suivant sa direction et la secondant, que les hommes font tous les jours des progrès dans les arts et les sciences. Les sauvages construisent des cabanes, les peuples civilisés bâtissent des palais. Les uns sont conduits par la nature brute, les autres par la nature perfectionnée. On n'a trouvé jusqu'ici, sur la terre, aucune nation éclairée et industrieuse qui n'eût des lois, des magistrats, un gouvernement. L'ignorance et la barbarie sont au contraire le partage de toutes les hordes vagabondes et indépendantes.

C'est donc bien improprement que l'on appelle « état de nature » l'indépendance de toute loi que l'on suppose avoir précédé l'institution des sociétés civiles. Cet état n'est pas plus l'état naturel du genre humain que l'enfance n'est l'état naturel de l'homme.

C'est avec moins de raison encore que les utopistes regrettent ou semblent regretter l'âge où l'homme vivait sur la terre heureux, paisible, innocent. L'histoire ne connaît pas cet âge d'or.

Tous les documents qui nous sont parvenus sur les temps les plus reculés nous apprennent au contraire que l'homme ne fut jamais plus vieux, plus dégradé, plus misérable que lorsqu'il vivait abandonné aux seules lois de la nature. Non pas que ces lois, si elles étaient observées, ne pussent assurer le bonheur des individus et la paix des familles, mais parce qu'une expérience constante a démontré qu'elles ne peuvent être connues et observées qu'autant qu'elles sont expliquées et protégées par les lois civiles.

On ne peut faire que des conjectures sur la marche qu'ont suivie les fondateurs de l'ordre social. La naissance des premières sociétés politiques se perd dans les ténèbres de l'antiquité. Tous les empires ont commencé par quelques familles auxquelles d'autres se sont unies, ou volontairement pour chercher un appui, ou forcément pour subir la loi du vainqueur. Si, dans les premiers temps, la piété filiale déféra l'autorité aux pères de famille, il ne tarda pas à s'élever des conquérants et bientôt le gouvernement militaire remplaça le gouvernement patriarcal. Les droits et la volonté des peuples ont été rarement consultés. La violence, la conquête, l'usurpation ont fondé la plupart des empires. Mais le temps qui convertit la possession en propriété, a légitimé les gouvernements, et l'acquiescement des peuples a couvert le vice de leur naissance.

Il ne faut pas chercher dans l'histoire les principes de la société civile ; nous n'y trouverions que les crimes et les erreurs des hommes. Oublions les faits pour ne nous occuper que du droit, et, sans nous inquiéter de la véritable origine des gouvernements, examinons comment ils se seraient formés, si la justice seule avait présidé à leur institution.

Au commencement, chacun ne connaissant de juge que soi-même, la force individuelle devait être la mesure et l'unique règle du droit. C'était le chaos des esprits d'où devait sortir le monde moral. Le premier pas que les hommes ont fait vers la civilisation a été de former une peuplade, par la réunion de plusieurs familles dont les chefs délibérèrent entre eux sur les moyens de maintenir l'ordre, la paix, la sûreté des biens et des personnes. Ce pas de plus étant fait vers l'état civil, on reconnut qu'il était nécessaire que tous les individus consentissent à soumettre leur volonté et l'emploi de leurs forces à la volonté d'un ou de plusieurs chefs à qui on conférait le droit d'ordonner de tout ce qui concernait l'utilité commune. Cette union de toutes les volontés, de toutes les forces particulières constitue le corps politique de l'Etat.

La société civile a pour but de réunir les volontés et les intérêts que les passions tendent à diviser, de contenir les volontés particulières par la volonté générale, de ramener les intérêts personnels à l'intérêt public ; de protéger les droits de chacun, de réprimer les injustices et la violence par la crainte du châtiment, enfin de repousser les agressions des autres Etats.

Une nation qui se constitue en état politique peut vouloir ou que l'administration des affaires appartienne à tous les citoyens réunis, ou qu'elle soit laissée à un certain ordre de citoyens, ou que l'autorité tout entière soit abandonnée à une seule personne. Toutes les formes possibles de gouvernement se réduisent donc à la démocratie, à l'aristocratie, à la monarchie. On a quelquefois divisé les formes de gouvernement de la manière suivante : le despotisme, la monarchie, la république. Cette division n'est pas exacte ; car le despotisme n'est que l'abus et la corruption de la monarchie ; la démocratie et l'aristocratie n'ont de leur côté rien de commun et ne doivent pas être comprises sous une même dénomination. Les démocraties seules peuvent être appelées républiques. Quelle est la plus parfaite de ces trois formes ? Question insensée ! le meilleur des gouvernements est celui qui est le mieux administré. Mais la question n'est pas résolue, et l'on peut demander quelle est la forme de gouvernement qui se prête le mieux à une bonne administration.

Tous les gouvernements ont leurs avantages et leurs inconvénients particuliers. La paix et la liberté sont les deux grands biens que les hommes ont prétendu s'assurer, en se donnant des lois et un gouvernement. Mais il sera toujours difficile de concilier ces deux intérêts. La démocratie ne conserve la liberté des individus qu'aux dépens de la tranquillité publique ; la monarchie est, à première vue du moins, plus favorable à la paix intérieure qu'à la liberté. L'aristocratie maintient la paix ou la liberté, selon qu'elle se rapproche de la monarchie ou de la démocratie. Dans les institutions humaines, la perfection absolue est une chimère ; les gouvernements ne sont susceptibles que d'une perfection relative ; ils bénéficient toujours et d'une manière inévitable des vices ou des vertus de ceux qui gouvernent. Il faut donner au peuple non les meilleures lois possibles, mais les meilleures qu'il puisse recevoir eu égard à ses mœurs, à son caractère, à ses habitudes et à ses préjugés. Un autre moyen d'apprécier les gouvernements, c'est d'examiner l'état des peuples. Partout où le peuple est heureux, le gouvernement est bon. C'est donc par les faits qu'il faut juger les gouvernements et non par des principes spéculatifs sur lesquels on disputerait éternellement sans pouvoir jamais s'entendre. En politique, comme en physique, l'expérience vaut mieux que les systèmes.

Cependant il faut convenir que les gouvernements extrêmes, le despotisme et la démocratie pure, sans mélange, sont essentiellement vicieux : le despotisme parce qu'il opprime la liberté, la démocratie parce qu'elle mène infailliblement à l'anarchie et détruit la liberté par l'excès de la liberté. Dans l'un, c'est la tyrannie d'un seul ; dans l'autre, c'est la tyrannie de la multitude, mille fois plus cruelle que celle d'un seul. Nous l'avons vu en 1793, nous le voyons encore de nos jours. Le despotisme est une monarchie sans lois, où les sujets n'ont point de droits à l'égard du souverain, où le maître est tout ; la démocratie pure ne diffère presque pas de l'état de nature ; elle annonce l'enfance ou la dissolution de la société. Le pire des états est l'état populaire ; il n'a rien de bon que la liberté qu'il laisse au peuple d'en choisir un meilleur. La sûreté personnelle, la liberté, le droit de propriété n'existent que sous les gouvernements modérés. Que faut-il entendre par là ?

Les gouvernements modérés, quelle que soit leur forme, sont ceux où les sujets n'ont à souffrir ni des excès d'une pleine liberté, ni de la gêne d'une entière servitude. Dans tout gouvernement où nul citoyen ne peut être privé de ses biens, de sa liberté, de la vie que par un jugement conforme aux lois ; dans tout gouvernement où il est permis d'appeler de la volonté arbitraire du souverain à sa volonté légale, la constitution est plus ou moins parfaite, selon que la liberté et la tranquillité des citoyens sont plus ou moins sauvegardées. Dans le despotisme et dans la démocratie pure, il n'y a ni liberté, ni sécurité, parce que le despote et le peuple ne voient rien au-dessus d'eux et ne peuvent se croire liés aujourd'hui par la volonté qu'ils ont eue hier. Dans un Etat bien ordonné, la constitution est la loi du souverain comme du simple citoyen. Il y est soumis, parce que ce n'est pas lui qui l'a faite. Mais comment le despote et le peuple souverain seraient-ils soumis à une constitution qui est leur ouvrage et qu'ils sont en droit de changer, de modifier chaque fois qu'il leur en prend envie ?

Une erreur manifeste des politiciens de nos jours, c'est de croire qu'il ne peut y avoir de constitution dans une monarchie. La monarchie n'est pas moins compatible que les gouvernements mixtes ou républicains, avec une constitution qui prévienne les abus du pouvoir arbitraire. Nos utopistes, qui feraient bien d'étudier l'histoire avant d'écrire, ont avancé aussi que la France n'avait pas de constitution, et cette sotte assertion a trouvé faveur auprès des ignorants de notre pays et des pays étrangers. Cette question sera traitée à part. En attendant, je dirai seulement qu'une monarchie qui a subsisté pendant quatorze siècles n'était pas un Etat sans constitution, à moins qu'on ne prétende qu'il n'est pas besoin de constitution pour assurer le bonheur d'un grand peuple. La France est restée un pays heureux et tranquille parce que le roi était soumis à une infinité de lois qui font la sûreté des peuples. C'est Machiavel qui parle ; vous ne le renierez pas, celui-là, messieurs les retors de la politique !

Allèguera-t-on les abus de l'ancien régime pour prouver que la France était sans constitution ? Sans doute il y avait des abus, et même des abus criants. Quelques-uns prenaient leur source dans l'imperfection des institutions humaines ; la plupart cependant venaient de ce que les administrations se ressentaient du dépérissement des principes et de la dépravation des mœurs. Du reste les gouvernements qui se sont, depuis 1789, substitué à la monarchie l'ont bien vengée des déclamations sottes de ses ennemis. Afin de donner plus de poids et un semblant de vérité à leurs reproches, ils ont confondu le gouvernement absolu avec le gouvernement despotique. Le pouvoir absolu est celui auquel il n'est pas permis de résister, quand il se tient dans la sphère de son action. Le pouvoir despotique est celui dont la sphère n'a d'autres bornes que les passions et les caprices du souverain. Il est de l'essence de tout gouvernement d'être absolu ; c'est-à-dire que l'autorité doit, dans n'importe quelle forme de gouvernement, vaincre toutes les résistances ; mais il faut en même temps que cette autorité soit assujettie à des lois, sans quoi elle tomberait dans le despotisme.

Le despotisme lui-même est bridé par l'opinion. Un despote peut renverser les lois, mais il est forcé de respecter les coutumes et les préjugés. Il n'est rien qui agisse plus puissamment sur les gouvernements que l'esprit public et les mœurs nationales. Les républicains seuls, qui ne doutent de rien, ont la prétention de violenter l'un et de changer les autres. Qu'on juge par là de leur flair politique et de leur probité !

Un gouvernement n'est solide et durable qu'autant qu'il porte sur des bases morales ; la force toute seule ne suffit pas pour gouverner, car la force du maître n'est que celle des sujets, et il n'y a que l'opinion qui puisse en assurer la direction. Et cette opinion ne peut naître que des principes de la justice et de la religion. Aussi les révolutionnaires qui bannissent de la politique ce qu'ils appellent les préjugés populaires, ne voient pas qu'ils anéantissent l'autorité pour réduire tout à la force, et que dans leur système la science du gouvernement n'est que l'art de s'assurer les hommes en les tenant à la chaîne. Ils ne voient pas que ce sont ces préjugés qui tempèrent dans le souverain l'exercice du pouvoir, qui apprennent au peuple à porter un joug que la nécessité lui impose. L'homme serait un animal indisciplinable, s'il n'était façonné à l'obéissance par les idées religieuses et morales, qui sont en quelque sorte les huiles qui assouplissent les ressorts de la machine politique et empêchent que les rouages ne s'arrêtent ou ne se brisent en éclaboussant tout de leurs débris.

III

Origine du pouvoir civil.

Ce n'est qu'en tremblant que nous abordons la matière de cet article ; nous trouvons cependant la chose si simple et si claire qu'établir les divers sens de la question c'est la résoudre. Mais les publicistes modernes sont tombés dans de telles divagations, quand ils ont voulu parler de l'origine du pouvoir civil, que nous devons nous défier de nous-même, verrions-nous clairement la vérité. Les difficultés qui se présentent ici ne nous empêcheront pas d'exposer notre façon de penser, sans nous préoccuper si notre manière de voir s'accorde avec celle de nos adversaires. La question est purement philosophique et d'opinion libre, et nous ne craignons point de contredire ce qu'auraient pu avancer certains écrivains, même des plus accrédités.

Nous commencerons par bien préciser l'état de la question, faisant d'abord observer que, relativement à l'origine du pouvoir civil, on peut se poser trois questions distinctes : d'où vient l'autorité inhérente à la volonté de celui qui commande ? d'où vient que telle personnne a été constituée chef de la société et peut ordonner avec autorité ? d'où vient que cette personne peut étendre sa juridiction sur une matière donnée ? Le sujet ainsi divisé et bien compris, il semble qu'aussitôt toute difficulté doit disparaître.

L'autorité vient de Dieu. Nous ne perdrons pas notre temps à rechercher si certains politiciens ont réellement écrit toutes les sottises qu'on leur attribue. Quoi qu'il en soit, c'est une grave erreur de soutenir que l'autorité de commander dérive de la volonté des sujets et qu'elle peut être constituée par la somme des parties du droit que chacun cède au souverain. Le droit et l'autorité particulière des hommes sur leurs semblables ne sont rien ; par autorité, si l'on entend celle qui provient de la force, on peut admettre qu'elle vient du concours de plusieurs individus, mais l'autorité de la force n'inspire que la frayeur, et cette crainte change ou disparaît suivant les circonstances. Malheur à la société qui n'aurait que la force pour soutenir le pouvoir, pour maintenir l'ordre et l'union ! L'histoire nous apprend assez clairement quelle union engendre la force. Au lieu d'unir les cœurs et les esprits, la force les opprime et les divise.

Le principe de l'autorité se trouve en Dieu, et l'homme ne peut obliger son semblable qu'autant qu'il prouve avoir une mission à remplir. Sans remonter à ce principe supérieur, toute loi humaine n'est qu'un appât ou une menace ; l'obéissance n'est qu'un calcul et l'on ne se soumet qu'en vue d'un intérêt personnel. Un pouvoir constitué sans l'autorité venant de Dieu est absolument impuissant ; un gouvernement athée est quelque chose qui ne gouverne pas. Un gouvernement de cette nature, ne pouvant fournir aux hommes un motif commun d'agir, ne peut faire mouvoir moralement toutes les volontés vers un même but; un gouvernement sans Dieu n'est qu'un parti prépondérant qui domine par la violence. Il faut être vraiment aveugle pour ne point voir cette vérité. Les athées cherchent l'origine de l'autorité où elle n'est pas : il n'est donc pas étonnant qu'ils n'arrivent jamais à la découvrir, ou qu'ils lui attribuent une fausse origine. Quelles que soient la constitution d'une société civile et la forme de son gouvernement, l'autorité vient de Dieu.

Quoique l'autorité vienne de Dieu, les hommes ont le droit d'élire leurs chefs. Dans l'ordre naturel, les hommes choisissent en effet celui d'entre eux qui doit exercer les fonctions du pouvoir souverain. Personne n'a le droit de commander ni de gouverner tant que les chefs des familles qui constituent l'association politique n'ont pas d'un commun accord choisi leur chef. Les qualités personnelles, le génie, la force, la prudence, la vertu, en un mot rien de tout ce qui donne de l'éclat aux yeux des hommes, ne suffit pour donner le droit de gouverner la société.

La juridiction exercée dans la société domestique ne donne pas le droit de commander hors de la famille, et la société civile n'est pas une famille ; quelque grande qu'on la suppose, elle est un composé de familles dont chacune est gouvernée par une autorité particulière. Le chef de chaque famille n'a de juridiction réelle que sur ses descendants. Aussi considérables que soient les biens qu'il administre, ces biens constituent seulement une fortune privée. Supposez que chaque branche ait son chef distinct et forme une maison séparée, l'aïeul n'a plus aucun pouvoir. Il ne peut rien prescrire, même dans l'intérêt particulier des familles que ses petits-enfants ont formées.

D'ailleurs, son pouvoir s'étendrait-il sur tous et sur chacun de ses descendants, que son autorité ne se transmettrait point à ses héritiers, quand même il le voudrait. La paternité n'est pas une propriété acquise. C'est un bien inné qui cesse à la mort de celui qui en avait le titre. A ce moment, tous les différents chefs de famille n'ont plus de chef commun : ils sont tous égaux. Aucun d'eux ne peut produire un titre qui lui confère le droit de commander aux autres. Le frère aîné est frère, comme le frère le plus jeune. Et entre frères l'égalité est parfaite. Aucun d'eux ne peut être investi du pouvoir souverain, sans le consentement de ses égaux.

Ce n'est pas à dire pour cela que les chefs de ces familles différentes aient la liberté de se choisir un chef au gré de leur caprice. Il est dans l'ordre de choisir celui qui est plus apte à exercer les fonctions de l'autorité souveraine. Mais quelles que soient les qualités personnelles qui désignent un individu aux suffrages, si l'élection se portait sur le moins digne, l'élu serait réellement chef de la société. Il ne peut y avoir de chef que celui que les intéressés se sont choisi, et que ceux-ci fassent bien ou mal, leur choix, l'élection n'en est pas moins valide.

Ce sont toujours les hommes qui nomment leur souverain; mais le mode d'élection peut varier. On peut élire une seule personne ou plusieurs, à vie ou à temps, les élire eux et leurs descendants à perpétuité, tout en déterminant dans quel ordre aura lieu la succession en cas de mort ou d'abdication. On peut enfin désigner comme chef celui qui s'est arrogé l'autorité par la force, si on légitime son autorité en y donnant son acquiescement. L'autorité souveraine s'acquiert donc de trois manières : par l'élection, l'hérédité, ou la conquête.

Relativement à l'hérédité, il est facile de voir que ce mode revient à l'élection. Les électeurs, au lieu de choisir un individu quelconque, ont pris une dynastie ; et dans le chef de cette dynastie ils ont en quelque sorte élu implicitement ses descendants. Cette manière de constituer un gouvernement n'a rien ni d'injuste ni de déraisonnable. La société y trouve au contraire de nombreux avantages. On fait ainsi disparaître de la société les querelles des partis et les luttes que ne manquent jamais d'occasionner de nouvelles élections ; on prépare au gouvernement des hommes plus aptes aux affaires; le successeur du chef actuel reçoit une éducation particulière, et l'éducation bien plus que la nature fait l'homme réellement ce qu'il doit être un jour.

La dynastie, pour ne pas perdre sa haute position, est elle-même intéressée à bien remplir les fonctions du pouvoir et s'entoure de gens capables de la seconder dans l'administration des affaires publiques. Elle a moins besoin de pressurer le peuple; elle est largement pourvue de tout et s'inquiète moins des éventualités de la fortune. Son ancienneté lui concilie l'estime et l'attachement; dès lors les sujets sont mieux disposés à lui obéir. L'expérience montre les nombreux avantages que la société retire de l'hérédité du pouvoir. Sans doute chaque règle a ses exceptions, et toute médaille a son revers. Mais d'un cas particulier on ne peut rien conclure.

Quant au pouvoir acquis par la conquête, nous avons dit

qu'avant d'obtenir le consentement du peuple subjugué par les armes, ce n'est qu'un pouvoir de fait. Ce gouvernement peut être repoussé à moins que le contraire ne soit conseillé par la prudence. Supposez que le vainqueur ait eu des raisons suffisantes de marcher contre la nation qu'il a vaincue, il n'a point de ce fait même acquis le droit de la gouverner, et celle-ci n'est pas obligée de lui rester fidèle. Le peuple subjugué, même à la suite d'une guerre juste, est dans le même cas qu'un accusé qui a été pris et jeté en prison, mais qui, sans blesser la justice, peut tromper la vigilance de ses geôliers et s'évader. On peut dire que la condition du peuple vaincu est préférable à celle du prisonnier, puisqu'entre lui et son vainqueur il n'y a aucun lien de société ni aucun titre de dépendance juridique.

Il faut bien comprendre ce que nous avançons ici relativement à l'origine du pouvoir et du principe naturel qui fait qu'on peut légitimement l'exercer : *ce sont les hommes qui confèrent le pouvoir*. Nous ne disons pas que les sujets ont le droit d'exercer l'autorité sur celui qui en a été légitimement investi. Nous n'avons que faire de cette absurdité du souverain sujet et du sujet souverain. Le droit de donner des ordres vient de la charge même que les gouvernés ont confiée à l'un d'entre eux d'administrer la chose publique. Ce droit vient de l'engagement réciproque pris par chacune des parties; il vient de Dieu, et ne peut avoir d'autre origine.

Les hommes choisissent ceux qu'ils veulent comme chefs et ont le droit d'imposer la forme de gouvernement qu'ils désirent, d'élargir ou de restreindre à leur gré la matière de la juridiction. Ils ne doivent pas imposer à l'autorité des limites purement arbitraires; mais, les restrictions une fois posées, chacun doit les respecter.

Il est évident que la société est commandée aux hommes par la loi naturelle comme le moyen le plus propre de satisfaire à tous leurs besoins. Mais il n'est pas aussi évident que, pour atteindre ce but, une forme de gouvernement soit plus nécessaire qu'une autre. Il est laissé à la prudence des hommes de déterminer sous quelle forme il leur est plus avantageux de vivre. Aussi n'y a-t-il de gouvernement légitime que celui que les hommes ont choisi.

Les gouvernements sortent de tous les hasards des révolutions, a dit Thiers, dans son *Histoire de l'Empire*, et il est difficile d'assigner à quel signe précis leur origine peut les rendre légitimes. « Tantôt ils naissent d'une émotion populaire, tantôt de la victoire, tantôt de la défaite même et quelquefois du retour d'une nation désabusée vers une ancienne dynastie que de communs malheurs lui ont fait regretter. Et chaque fois il faut les subir, imposés qu'ils sont par la nécessité, et chaque fois ils se prétendent seuls légitimes, en alléguant des théories admises par les uns, contestées par les autres, et sur lesquelles on discutera sans cesse. Sans discuter ce qu'ont de respectable, d'auguste, de solide, les titres à régner fondés sur une longue transmission héréditaire, nous dirons cependant que pour les gens d'un simple bon sens, les gouvernements toujours nécessaires à leurs débuts deviennent légitimes avec le temps, lorsque la nation pour laquelle ils sont établis, trouvant leur forme appropriée à ses mœurs comme à ses lumières, et leur conduite conforme à ses intérêts, les maintient par un assentiment durable et réfléchi. Telle est la légitimité, sinon dogmatique, au moins pratique, laquelle est de toute la plus sérieuse; car un gouvernement, fût-il proclamé par une nation tout entière, hommes, femmes, vieillards, enfants votant chez les maires ou chez les notaires, sans interruption de succession, n'a plus de raison d'être s'il froisse les exigences, les mœurs, l'honneur et les intérêts d'une nation. C'est à l'œuvre et à l'œuvre seule qu'un gouvernement se juge et se légitime. Hors de là tout est artifice et pure argutie. »

Ecoutez, républicains, et instruisez-vous au langage de ce petit tricheur byzantin qui fut votre maître. Surtout n'oubliez pas qu'il a dit que la république, en France, finira toujours dans le sang ou tournera à l'imbécillité. Ah ! s'il doit en être ainsi, et, ma foi ! votre conduite ne paraît pas devoir infliger de démenti au prophète, foin de la république et des républicains !

L'origine du pouvoir, comme on vient de le voir, est difficilement admise par certains individus. Pourquoi ? Parce qu'ils n'osent pas faire intervenir Dieu dans une question où il est cependant impossible de s'en dispenser. Abandonnons-les à leur sens réprouvé et passons. Comment le pouvoir cesse-t-il ? Le peuple peut-il le reprendre après l'avoir conféré ? La question est fort délicate. Au point de vue du droit, le peuple peut, étant donné certaines circonstances, se trouver libre de tout engagement à l'égard de son souverain. Par peuple nous entendons les gens sensés et non les fous et les pervers qui ne rêvent que révolutions pour pêcher en eau trouble; et par chef à déposer nous entendons ce quelque chose de roi soliveau, ou bûche, comme on l'aimera mieux, mais qui se gardera bien de remplir aucune des fonctions inhérentes à sa dignité. Dès lors, de quel droit demeurerait-il au pouvoir? — Attention! me criera-t-on, vous ouvrez la porte à la révolution! — Ah! vous oubliez que vous avez un moyen pacifique d'agir. Votez contre ceux qui vous perdent. Pas d'hésitation; pas de compromis avec la conscience. Peuple, ne te laisse plus tondre la laine sur le dos, choisis bien tes victimes et tape juste. Pas de sang à verser, mais que le sol soit jonché de républicains respirant encore, honnis, conspués par tout ce que la France compte de gens honnêtes.

IV

Sans religion, pas d'homme honnête citoyen.

Sans religion et sans Dieu, la famille, la société, le gouvernement ne sont que l'ouvrage de la force et de la tyrannie; chacun de nous n'est qu'une bête enchaînée par d'autres bêtes; nos maîtres ne peuvent être considérés que comme des lions qui ont subjugué des loups et qui leur ont imposé une règle de conduite suivant leur caprice et leur instinct. Parmi les incrédules, les uns assurent que nous étions nés pour marcher à quatre pattes et pour brouter. Les autres soutiennent que l'âme est toute matérielle, qu'elle périt et se dissout avec le corps. Quelques-uns, ou plus fous ou plus téméraires, affirment qu'il n'y a rien du tout. Cet aveu suffit pour montrer que la probité sans religion n'est qu'un fantôme; que la justice et le devoir naturels sont sans force; il suffira, en effet, d'être riche et puissant pour oser sans scrupule écraser le prochain.

L'incrédule est un corps étranger à tout l'univers. La vie animale, les plaisirs, l'indépendance, l'ingratitude, toutes les passions, voilà son espérance, sa religion, son Dieu. Mais, avec de tels principes, que ne se dit-il l'auteur du monde? L'un ne sera pas plus fou que l'autre. Et n'est-ce pas se croire Dieu que de n'en point admettre, que de parler en oracle, que de vouloir tout assujettir à sa manière de penser? L'univers, déjà vieux de six mille ans, n'avait point vu de sages jusqu'à ce jour, et des hommes qui méprisent les lois les plus sacrées devaient l'instruire et l'éclairer! Certains écrits, cloaques de blasphèmes et d'impiétés, doivent remplacer l'Evangile.

La religion recommande la soumission, la fidélité, la justice, le zèle dans les emplois; elle proscrit la violence, l'avarice, l'intempérance; elle trace les grands principes de la morale en disant aux hommes de fuir le meurtre, le vol, le faux témoignage, en les invitant à s'aimer entre eux, à se dévouer pour l'amitié, à rendre le bien pour le mal, à bannir l'idée de la vengeance. La religion rapproche tous les hommes répandus sur la terre par un sentiment d'amour et de bienveillance; elle fortifie nos âmes par la pensée de nous survivre à nous-mêmes. Et cette source de tant de vertus, les impies veulent la tarir ou en détourner le cours; cet élément, ils veulent l'écarter du système social! En vain, ils voient tous les peuples reconnaître une puissance qui a tout créé, qui gouverne tout; ils se croient plus sages que tous les philosophes anciens et modernes, et foulent aux pieds la croyance de tous les peuples, de tous les siècles. Ils se sont rendus ridicules par leur excessif orgueil; odieux pour avoir tenté de briser un frein qui assure le triomphe de la morale. Voltaire, ce séide de l'impiété, a dit de ceux qu'il méprisait dans ses moments de bon sens : « Ce sont des taupes enterrées sous le gazon, qui nient l'existence du soleil! »

Homme superbe, abaisse ton orgueil et regarde autour de toi! Ote la religion, et il n'y a plus de règle certaine, de conduite sûre, d'honnêteté dans les mœurs; la raison affaiblie et aveuglée par les passions, noyée dans les sens, n'est point une digue assez forte pour maintenir l'homme dans une innocence irréprochable. Il ne faut pas une grande pénétration d'esprit pour voir les désordres qui arriveraient si les devoirs de la société dépendaient uniquement de l'idée que chacun s'en forme, et l'horrible renversement qui s'ensuivrait si chacun, selon son caprice, se rendait l'arbitre de ce qu'il peut, de ce qu'il doit, de ce qui lui est permis, de ce qui lui appartient, de manière que sa raison lui tînt lieu de tout.

La meilleure preuve de ce que j'avance est le tableau de ce qui s'est passé en France et ailleurs chaque fois que la religion a exercé un empire plus faible sur les cœurs. Des excès qui auraient fait rougir les païens ne passent que pour une galanterie, et l'on excuse tout, excepté la piété; l'on ne reconnaît plus de crime que de tuer ou de voler, parce que les lois punissent les assassins et les voleurs. Où trouver des enfants dociles, des domestiques fidèles, des hommes sincères?

Sans religion, le serment n'est plus une caution. Quel est l'homme qui voudrait que ses biens et sa vie fussent entre les mains d'un impie? Si l'on est, au contraire, persuadé que celui avec qui l'on traite a de la conscience et de la foi, on ne craint rien, et le fanfaron qui se dit athée se confiera plutôt à un homme qui croit en Dieu, qu'à un libertin et à un incrédule comme lui.

On prétend qu'un certain amour de la justice que la nature nous inspire suffit pour former un honnête homme. Mais un avare, un libertin seront-ils beaucoup touchés de cette idée de justice séparée de la connaissance de Dieu? Dès qu'on ne voit rien au-dessus de soi, on se substitue à la place de Dieu même; si l'on se rend dépendant et obéissant, ce ne sera que par contrainte ou bassesse de cœur. D'ailleurs, combien de tentations auxquelles on n'aura pas le courage de résister! de ces tentations qui s'opposent à l'intégrité d'une conscience faible, qui mettent la raison en compromis; de ces tentations où, en se livrant à l'injustice, on a l'approbation du monde; où, en tenant pour la vérité, on ne gagne que du mépris, de la haine et des disgrâces; où on peut faire le mal sans en craindre aucune suite; où, en franchissant d'un seul bond les bornes de l'équité, on se met en état d'être tout et de parvenir à tout! L'homme qui n'a d'autre Dieu que lui-même réussira dans ces circonstances, pourvu qu'il soit assez habile pour se réserver les dehors de la probité.

La religion seule peut produire des hommes d'honneur quand ils ne peuvent l'être qu'aux dépens de leur propre gloire. Que ne se permet-on pas quand on a le malheur de ne rien croire! Aussi, les plus sages législateurs ont établi des relations avec ce qu'ils s'imaginaient être la Divinité. Mahomet faisait passer ses attaques de mal caduc pour des extases; autant de témoignages rendus à la religion et qui prouvent son empire et sa nécessité.

Si, avec toutes les ressources de la religion, on est impuissant à réprimer tous les écarts des hommes, que peut-on attendre d'une probité qui n'a pour appui que des motifs humains? d'une probité qui ne sera qu'une vertu de convention? Il n'y a point de conscience partout où la religion fait défaut. Ainsi, tous ces hommes qui ne veulent ni culte, ni Dieu, qui méprisent l'un et l'autre, ne sont point avertis par la voix du remords qui accuse lorsqu'on fait mal; de sorte qu'il faudrait une probité excessive pour être honnête homme sans religion. Mais peut-on supposer cette probité chez celui qui a banni de son esprit l'idée de Dieu? qui a foulé aux pieds l'alliance qu'il avait contractée avec Jésus-Christ? qui, par ses blasphèmes, a élevé un mur de séparation entre lui et l'Être qui l'a créé? qui en est venu au point de se railler de tout ce qu'il y a de plus formidable et de plus sacré, de braver les foudres du ciel et d'affronter l'éternité? C'est une étrange folie de croire qu'un homme qui a brisé ces liens respectera les devoirs de la société; il les transgressera, n'en doutez pas, dès que, par ses artifices, il pourra le faire en secret. Toute la vertu des impies se borne à se livrer sans réserve à ce que leur corruption exige d'eux. Quel est leur honneur? quelle est leur probité? Peut-il y en avoir chez des individus qui ne regardent la société que comme une assemblée que le hasard a formée? Si ces impies veulent se donner pour de bons citoyens, ne sommes-nous pas en droit de suspecter leur droiture? Pas un seul qui ne soit parjure et trompeur quand il peut l'être sûrement.

On me dira que les gens qui écrivent ou parlent contre la religion sont remplis de probité. Je réponds qu'il est impossible d'être honnête lorsqu'on travaille à dépouiller les autres de tout sentiment de religion, à gâter leur esprit et leur cœur. On agit toujours en malhonnête homme quand on débite des maximes qui tendent à détruire l'honnêteté; et je ne veux qu'une seule personne corrompue par leurs écrits ou par leur langage, pour avoir le droit de leur dire : Vous êtes un malhonnête. On ne peut être homme de bien lorsqu'on trouble l'ordre de la société, lorsqu'on attaque par impiété une croyance qui est celle de la majorité de ses concitoyens, lorsqu'on excite le peuple à tout oser, lorsqu'on ôte aux malheureux l'espérance d'une autre vie, le seul bien qui puisse les rendre dociles et patients. L'esprit d'indépendance et de révolte est devenu l'esprit à la mode. Et jamais on ne vit tant de crimes, parce qu'il n'y eut jamais autant d'impies.

L'acharnement des impies contre les gens de bien ne vient que de ce qu'ils ne sont pas eux-mêmes probes et honnêtes. En publiant que le ciel ne nous a pas fait naître pour nous rendre malheureux, ils nous apprennent qu'on ne peut être vertueux sans être insensé. Et pourquoi se priver de ce que la perversité des instincts invite à satisfaire ? En vain on m'objectera qu'il y a toujours eu je ne sais quoi qui arrête quand on veut commettre un crime. Si la vertu ne diffère du vice que suivant les lois édictées par les hommes, l'impie pourra changer ou abroger ces lois. Puisqu'il ne saurait admettre que ces lois viennent de Dieu dont il nie l'existence, il doit les regarder comme l'œuvre de ses semblables ; dès lors, il n'aura aucun scrupule de les violer, si son intérêt le demande. L'impie regarde ceux qui gouvernent comme les lions qu'on appelle rois des animaux. Si l'âme finit avec le corps, en quoi, s'il vous plaît, l'homme peut-il différer du singe et du chien ?

Il n'y a pas cinquante ans qu'on eût regardé comme superflu de prouver certaines propositions qu'il faut aujourd'hui rendre sensibles par des preuves et par des exemples. Qui ne croyait pas autrefois que les hommes abandonnés de Dieu étaient capables de tout excès ? Autre temps, autres mœurs ! On regarde maintenant Dieu comme si étranger à nos actions et à nos personnes, qu'on s'imagine pouvoir faire sans son secours tout ce que l'on veut. Les païens ne cessaient de dire que personne ne peut être homme de bien sans le secours de Dieu.

Les impies de nos jours ne connaissent la religion que par les portraits hideux qu'en ont faits les juifs et les protestants ; de là, ces clameurs, ces disputes, ces blasphèmes qui accoutument les hommes aux plus horribles impiétés et qui les conduisent aux plus affreux excès ; de là, ces libelles abominables qui ravissent à Dieu son domaine et son culte, et aux chrétiens l'espérance ; de là, ce torrent de vices et d'erreurs plus respectés que les vertus mêmes, qui circulent jusque dans les campagnes et qui éteignent jusque dans le cœur du paysan toute étincelle de piété ; ce faux bel esprit qu'on affiche dès l'âge de vingt ans ; ces déclamations insensées contre les vérités de la religion, ces plaisanteries de mauvais goût. Nous vivons dans un temps où l'on ne lit que des feuilles volantes. Les incrédules sont partagés en deux classes : celle des écrivains qui posent en docteurs, et celle des libertins et des malhonnêtes gens qui sont leurs disciples. Si vous les examinez de près, vous voyez que l'un est un efféminé qui n'a jamais lu que des romans lascifs, l'autre un commis dont l'instruction ne s'élève pas au-dessus de l'alignement de quelques chiffres; celui-ci un militaire dont la vie se passe dans les cafés, celui-là un peintre en bâtiment qui sait à peine les règles de son art et qui se croit apte à juger de tout. Telle est l'espèce qui jette sa bave infecte sur la religion et croit l'anéantir. Qui se laisserait séduire par des savants de cette trempe pour se rendre à quelques pitoyables railleries, à quelques misérables objections? Autrefois, un homme passait sa vie à étudier une seule et même question, et quand un livre paraissait, la vie austère de son auteur appuyait la vérité de ce qu'il contenait; de nos jours, les pavés sont inondés de brochures impies, de productions presqu'aussitôt finies que commencées et dont la pauvreté n'en impose qu'aux esprits futiles et ignorants. Les sciences sont profanées par le désir immodéré de savoir, les passions sont divinisées par des apothéoses impies. A l'école du christianisme, nous apprîmes à nous respecter nous-mêmes et à respecter nos semblables, et voilà que des gens infatués de leur prétendue science aspirent à ne faire du genre humain qu'un assemblage de bêtes fauves, dont le plus faible sera dévoré par le plus fort.

Il est glorieux pour les chrétiens de voir qu'on n'abandonne leur religion que pour se livrer à toutes sortes d'excès, de trouver dans leurs ennemis les panégyristes du vol et de l'anarchie! Qui croirait que les individus qui déclament avec plus de fureur que personne contre le célibat des religieux et des prêtres sont les premiers auteurs de la dépopulation dont ils se plaignent? Si l'on compte trois cent mille célibataires en France, on trouvera sûrement plus de deux millions d'individus que le libertinage rend impuissants; et d'où vient ce libertinage si généralement répandu, si ce n'est des progrès de l'irréligion? Quand on se persuade qu'il n'y a point d'autre vie par delà la tombe; que l'usage des passions forme tout le bonheur; que la nature n'a créé des sensations et des goûts que pour s'y livrer, et que plus on s'y livre plus on jouit de la vraie félicité, alors on se laisse aller à toute l'impétuosité de ses désirs et l'on se détruit à force de vouloir vivre. Le libertinage n'est plus le simple effet du tempérament et de la fragilité, mais le résultat de tous les livres impies qui vont jusque sous le chaume porter la corruption dans les cœurs. On est voluptueux par système, et cette volupté consiste dans tous les désordres; lorsqu'on fait le mal par principes, il n'y a guère moyen de se relever. Quand on ne croit ni à Dieu ni au diable, on risque tout. Les jeunes gens apprennent de bonne heure à être débauchés; ils regardent comme un jeu ce que la religion a de plus auguste et de plus redoutable; les suicides et les meurtres se multiplient; et à qui avons-nous cette obligation, sinon aux républicains qui favorisent de toute leur autorité le dévergondage systématique? Et voilà, peuple français, les hommes qui te gouvernent! Le moment est venu de les faire rentrer dans l'obscurité d'où ils ne sont sortis que pour ton malheur. Ces fanfarons sont-ils aussi convaincus qu'ils cherchent à le paraître? Je l'examinerai dans la leçon suivante après un bout d'histoire sur le plus grand impie des temps modernes.

Voltaire eut pour père François Arouet, ancien notaire et trésorier à la chambre des comptes. Il changea son nom de famille en celui de Voltaire, auquel il ajouta la particule aristocratique pour s'appeler M. de Voltaire. Abjurer le nom de sa famille n'est guère la marque d'un bon fils. Il ne fut pas meilleur citoyen. Les Français ayant été battus à Rosbach par le roi de Prusse, Voltaire, qui était en correspondance avec ce prince, se moqua de ses compatriotes dans une foule de lettres en les appelant des sots, des lâches. Il écrivit au même roi de Prusse: « Regardez-moi comme le sujet le plus attaché que vous ayez, car je n'ai point et ne veux point avoir d'autre maître »; il va jusqu'à l'appeler le Dieu Frédéric; il souhaite à un officier prussien de venir assiéger telle ville de France. Un siècle plus tard le traître eût été satisfait. Non content de s'être vendu au roi de Prusse, Voltaire ambitionna d'être russe. Que fait notre homme? Il écrit à Catherine que les Français sont des fous, des grossiers et des Scythes. « Je ne suis point velche, dit-il, je suis helvète, et si j'étais plus jeune je me ferais russe. » Il se fit russe nonobstant sa vieillesse et signa désormais ses lettres: « Votre vieux russe de Ferney »; et Catherine de lui répondre: « Je sais que vous êtes bon russe. » Si vous doutez de la bassesse de ce vieux russe, lisez: « Nous sommes trois, dit-il, Diderot, d'Alembert et moi, qui vous dressons des autels; vous me rendez païen; je suis avec idolâtrie le prêtre de votre temple. » Il l'appelle déesse, ou sainte Catherine II, elle qui avait fait étrangler son mari et se partageait entre le meurtre et l'adultère. La protectrice et le protégé étaient faits pour s'entendre.

Il est plein de mépris pour la masse du genre humain qu'on appelle peuple. « Il me paraît essentiel, dit-il en maints endroits, qu'il y ait des gueux ignorants; la canaille n'est pas digne d'être éclairée et tous les jougs lui sont propres ; le peuple est le vulgaire de la noblesse restent ce que la nature les a faits, c'est-à-dire de méchants animaux ; le gros de notre espèce est sot et méchant. » Ecoute, peuple, et instruis-toi. Jusques à quand ce langage cynique te laissera-t-il indifférent ?

« J'aime passionnément mes frères en Béelzébub », écrivait-il le 23 août 1760. Voilà qui ne dissimule pas, du moins. Parlant des Apôtres, il disait : « Je suis las de les entendre répéter que douze faquins ont suffi pour établir le christianisme et j'ai envie de leur prouver qu'il n'en faut qu'un pour le détruire. » Lucifer lui-même n'a pas une si haute prétention. Au nom de Jésus-Christ il écume de rage et se tait ; mais Voltaire et ses complices dressent la tête avec plus de fierté et d'audace en proférant un blasphème comme l'enfer n'en a peut-être jamais entendu : *Ecrasons l'Infâme !* Et cet infâme n'est autre que Jésus-Christ et son Eglise. De nos jours on y met plus de cérémonies : les républicains et les pamphlétaires sont les ennemis acharnés de la religion ; ils veulent tuer l'Eglise, mais en la faisant mourir à petit feu.

Voltaire joignait l'hypocrisie à cette haine furieuse. Il écrivait au comte d'Argental : « Si j'avais cent mille hommes, je sais bien ce que je ferais ; mais comme je ne les ai pas, je communierai à Pâques et vous m'appellerez hypocrite tant que vous voudrez. » Il disait à son ami Thiriot : « Je vous aime, mon cher, et ne vous trompe point » ; et parlant du même Thiriot à d'Argental : « Thiriot, disait-il, est une âme de boue aussi lâche que méprisable. » Et sa mère de lui dire : « Vous êtes le dernier des hommes par le cœur. » A soixante ans il fut reçu chez un ami ; il corrompit sa femme et vécut avec elle en adultère ; quand cette femme philosophe mourut on apprit qu'elle préférait à son mari et à Voltaire un troisième amant.

Mais rien ne peint mieux la corruption de Voltaire que ces écrits contre le personnage le plus français, le plus merveilleux, le plus poétique de notre histoire, je veux dire Jeanne d'Arc. Elle sauva la France de l'invasion anglaise. Elle fut néanmoins trahie par des Français et ce ne fut que longtemps après sa mort que la France songea à la réhabiliter; mais si la France du moyen âge livra Jeanne d'Arc aux bourreaux, Voltaire s'est chargé de la traîner dans la boue en dénaturant le caractère de sa mission. Et cela parce que, français par la langue, il était prussien et russe par le cœur. Tel est l'ignoble personnage porté au pinacle des honneurs, choyé par les viveurs et les jouisseurs, quand il faudrait le brûler chaque année en effigie comme traître à la France. Vous pouviez, messieurs, choisir un meilleur modèle. Si vous voulez l'imiter jusqu'à votre lit de mort, pouah ! bon appétit ! Je vous en parlerai demain. Bonsoir.

V

Honteuse et lâche capitulation des impies les plus farouches.

Ne vous effarouchez pas, lecteur, de ces notions préliminaires ; il fallait bien commencer par un bout. Quand vous voulez bâtir vous vous préoccupez d'abord de jeter des fondements. Ainsi fais-je moi-même. J'ai promis de vous parler gouvernement, politique, je tiendrai ma parole ; tenez-vous tranquille, mais il me fallait avant tout poser une base. Je ne voulais pas débuter par l'existence de Dieu : c'eût été vous faire injure ; cependant il m'a paru tout à fait utile de vous montrer les bienfaits de la religion afin de vous la faire aimer davantage. Vous montrer des malades, n'est-ce pas déjà vous faire concevoir une haute idée de la santé ? n'est-ce pas vous prévenir des moyens à prendre pour la conserver, ou pour la recouvrer si vous l'avez perdue ? Cette excuse présentée, je continue.

Pas d'honnêtes citoyens sans religion, avons-nous dit hier. L'impiété sape tout jusque dans les fondements ; le patriotisme, la piété filiale et les autres vertus ne sont désormais que de vains mots. Le plus stupide des hommes peut soutenir qu'il n'y a pas de Dieu et vomir des blasphèmes contre la Providence, aussi bien que les plus grands philosophes. L'incrédulité circonscrite à un seul individu est une peste épouvantable ; mais que n'est-elle pas lorsque les gouvernants l'érigent en système et cherchent à l'imposer au peuple tout entier ? C'est un forfait sans exemple dans l'histoire de tous les peuples qui se sont partagé le monde. Ecoutez Voltaire lui-même prêchant l'existence de Dieu :

Consultez Zoroastre, et Minos, et Solon,
Et le sage Socrate, et le grand Cicéron ;

Ils ont adoré tous un maître, un juge, un père ;
Ce système sublime à l'homme est nécessaire ;
C'est le sacré lien de la société,
Le premier fondement de la sainte équité,
Le frein du scélérat, l'espérance du juste.
Si les cieux, dépouillés de leur empreinte auguste,
Pouvaient cesser jamais de le manifester ;
Si Dieu n'existait pas, il faudrait l'inventer.

Quel contraste entre ces beaux vers et le langage infernal dont nous avons donné quelques fragments dans la leçon précédente ! Le même Voltaire a dit quelque part encore dans ses écrits qu'il ne voudrait pas avoir affaire à un athée, parce que s'il avait intérêt à le piler dans un mortier il serait bien sûr d'être pilé. Quelle palinodie ! Ah ! c'est que s'il est facile au fond d'un cabinet d'élaborer toutes sortes d'excentricités, devant le spectacle grandiose de la nature, ou en face d'un péril, l'homme cesse d'être fort ; il se sent comme écrasé par son néant.

On pourrait citer cent exemples de ces prétendus esprits forts qui au dernier moment ont été contraints de se rendre et d'implorer la miséricorde et la bonté du Dieu qu'ils avaient blasphémé durant leur vie. Voltaire, lui, dans une de ses maladies, eut recours au ministre de l'Eglise. Pourquoi ne conservait-il pas alors cette même force d'esprit, ce caractère d'indépendance qui se joue des hommes et de Dieu ? Pourquoi ne voulait-il pas mourir comme le héros du parti qu'il a créé ? Que durent dire ses confrères et ses disciples de cette faiblesse d'esprit ? Quoi ! cet étonnant génie a voulu montrer du repentir ! Ils auraient dû dire : « Chassons-le de notre société. Il change comme un caméléon et comme un cœur qui veut prêcher dans le monde ce qu'il est contraint de ne pas croire lui-même. » Quel motif donc fut capable d'arrêter les projets d'une fermeté à toute épreuve ? Je m'étonne qu'un héros qui se vantait de braver Dieu ait voulu respecter les préjugés du vulgaire.

A la mort, toute la prétendue force d'esprit se dissipe ; dès que le rideau fatal commence à se tirer, la scène paraît toute différente. La force des sens affaiblie, la saine raison reprend son empire et aperçoit clairement tout ce que le cœur aveugle n'avait jamais voulu comprendre. Que l'on me nomme un seul incrédule qui soit mort de sang-froid ! On pourra bien me citer quelques historiettes fabriquées pour prouver le courage des philosophes devant la mort. Mais j'ose avancer qu'il n'en fut jamais, ou que s'il en a paru de tels ils ont couvert d'un voile stoïque la frayeur qui au dedans les obsédait. Eh ! croyez-vous qu'un Victor Hugo n'eut pas des frissons sur son lit de mort, en voyant un rayon lumineux qui lui cachait la face de l'Eternel qu'il avait durant sa vie glorifié en si beaux vers ? Ce rayon de lumière lui apparut-il réellement ? Oui, si Lockroy et sa belle dame laissèrent arriver jusqu'au mourant la lettre du cardinal archevêque de Paris, lettre d'une charité et d'une affection toutes paternelles. Mais je parierais cent contre un que Lockroy et compagnie avaient établi un cordon sanitaire autour du malade. Ah ! quelle bosse de rire je me promets pour le jour des grandes assises de l'humanité dans la vallée de Josaphat ! Ceci c'est une allégorie, père Matthieu, vous pouvez choisir la vallée du Mississipi si cela vous plaît. Enfin, je vous répète que nous rirons un brin en voyant la grimace des républicains au jour du jugement. Voyez l'exemple d'un Abbadie tombé dans l'incrédulité. Il pervertit même sa femme ; mais au lit de mort les objets lui parurent bien différents. Les doutes se dissipèrent. « Ma chère épouse, dit-il, je vous ai abusée, en m'abusant moi-même. La religion m'avait paru comme un chaos obscur ; à présent je vois que la religion chrétienne est seule véritable et je n'ai d'autre regret que de l'avoir si peu connue et si mal pratiquée. Profitez de mon exemple, et que la religion de vos pères soit désormais le seul objet de vos vœux et de vos désirs. »

Traiterez-vous de fable l'exemple de Balthasar, roi de Babylone, qui au milieu des orgies se sentit pris de frayeur en voyant sur le mur de son palais des caractères étranges tracés par une main invisible ? L'histoire nous dit qu'il fut tellement épouvanté que ses reins se relâchèrent — et il y avait de quoi — et que ses genoux se heurtèrent l'un contre l'autre ; sa contenance s'altéra et ses partisans de débauches n'étaient pas plus rassurés que lui. La sentence telle que le sage Daniel l'expliqua était faite pour donner le vertige aux esprits les mieux trempés. Jéhovah l'avait pesé dans sa balance, le roi impie, et je conçois que le verre lui tombât des mains. Comment es-tu tombé, fier tyran, toi qui disais : « J'établirai mon trône au-dessus des astres ? » Tu es descendu dans les profondeurs de l'abîme, non sans trembler ; les passants t'ont regardé en répétant : Est-ce bien là le fier despote qui troublait le pays ?

chassait les gens de leur maison ? qui faisait couler le sang à flots et l'or à pleines mains ? Il a brouillé tout, il a ruiné sa patrie, il a tué son peuple ; qu'il soit maudit ! Faut-il une preuve plus évidente que la terre, l'enfer sans le savoir travaillent à l'accomplissement des desseins dans Dieu qui frappe où il lui plaît, et forcent les impies mêmes à reconnaître sa puissance ?

Antiochus avait juré la destruction du peuple juif, mais les généraux qu'il avait envoyés remplir cette mission furent défaits les uns après les autres. Il écume de rage et profère des paroles orgueilleuses. La vengeance de Dieu le frappe. Il ne veut pas s'avouer vaincu, et, ne respirant que sang et carnage, il est précipité du haut de son char ; ses membres sont broyés, un abcès se forme, des vers en sortent et le rongent vivant, lui qui croyait escalader le ciel et peser dans une balance les plus hautes montagnes. Il rabat peu à peu de son orgueil, et lorsqu'il ne lui fut plus possible de supporter sa propre puanteur, il s'écria : « Il est juste que l'homme soit soumis à Dieu, et que ce qui est mortel ne s'égale pas au Dieu souverain. » Cet impie promet maintenant de respecter la vie des Juifs, et de laisser leur ville intacte, pourvu qu'il recouvre la santé ; mais l'heure de la vengeance avait sonné, il meurt rongé par les vers et confessant que Dieu seul est maître.

Héliogabale ne fut pas moins orgueilleux qu'Antiochus. Il avait défié le Christ de combattre contre lui et de mesurer sa puissance contre la sienne. Il fut frappé d'une maladie étrange. Un feu brûlant se glissa dans ses veines, ses entrailles étaient rongées par la vermine, et au milieu de ses tourments il croyait voir le Christ entouré de soldats vêtus de blanc ; il s'imaginait entendre le formidable arrêt de sa condamnation ; des larmes coulaient de ses yeux, et, dans son désespoir, on l'entendait prononcer ces paroles : « Christ ! aie pitié de moi ; je reconnais ta divinité ; rends-moi la vie et je te ferai adorer à jamais. » Il expira dans la frayeur, laissant aux impies un exemple frappant de la vengeance divine. Il en est de même de tous les incrédules. Pendant la vie, ils n'écoutent ni la raison, ni la religion ; à la mort, ils sont contraints de réclamer et de crier merci. C'est là que nous vous attendons, indociles esprits, faux sages, faux savants, mauvais citoyens. Je gagerais que l'on vous rendrait les plus crédules des hommes, si l'on vous disait : « Tout est permis de ce qui peut plaire ; on ne doit en rien contraindre ses penchants. Ce qu'on appelle vertu n'est qu'une chimère ; le crime est un préjugé qui n'appartient qu'à l'ignorant vulgaire ; l'adultère, la fornication et le reste sont des noms et non des vices. » Qu'on vous offre une telle religion, vous conviendrez de tout, et pourvu qu'on vous laisse un libre cours à vos penchants voluptueux, vous ne trouverez rien d'impossible à croire. Et au dedans êtes-vous si tranquilles que vous voudriez le faire croire ? Luther et Calvin n'expirèrent pas sans crainte ; et Voltaire, donc ! Savez-vous comment il mourut ? Je vais vous conter cela.

Le 30 mai 1778 mourut Arouet de Voltaire chez son ami le marquis de Villette, sur la paroisse de Saint-Sulpice. La veille de sa mort, le curé de la paroisse, instruit de son état, alla le voir. L'ayant trouvé dans un sommeil léthargique, il l'en tira par un peu de liqueur qu'il lui fit prendre, et lui dit quelques mots convenables à sa situation. Le malade, d'un air égaré, tourna la tête et demanda :

« — Qui est-ce qui me parle ?

« — C'est, lui répondit-on, le curé de Saint-Sulpice qui, touché de votre état, vient vous offrir les secours que la religion et son ministère lui permettent de vous procurer. »

Voltaire, alors, lui tendant ses mains décharnées :

« — Ah ! monsieur !... »

Le prêtre, profitant du moment, lui parla des miséricordes de Dieu qui reçoit, même à la mort, un cœur contrit et qui répare, autant qu'il est en lui, ses crimes et ses scandales. Il ajouta que Jésus-Christ étant mort pour tous les hommes, personne ne devait désespérer de trouver grâce.

A ce mot de Jésus-Christ, le malade devint rêveur, distrait.

Le curé, s'étant arrêté un instant, reprit tranquillement son discours et lui dit ce qu'un prêtre peut dire en pareille circonstance. Le malade, alors, lui fit signe de la main en lui disant :

« — Laissez-moi, monsieur ; laissez-moi mourir en paix ! »

Et il n'y eut pas moyen de gagner son attention.

Inutilement, l'aumônier des Incurables, qui était présent, voulut lui parler, Voltaire ne répondit que de la main, faisant signe de le laisser tranquille.

Peu de temps après, le malade, déjà moribond, entra en fureur, et le reste du temps qu'il vécut encore ne fut qu'une continuité de blasphèmes horribles qu'il entremêlait quelquefois de ces paroles : « Dieu m'abandonne, ainsi que les hommes ! Miséricorde ! »

On voyait un squelette informe, palpitant, s'agitant, se déchirant, mangeant jusqu'à ses excréments, vomissant mille imprécations contre le ciel, Jésus-Christ et sa religion, réunissant les forces de son affreuse éloquence pour terminer de la manière la plus énergique sa carrière; faisant pâlir d'effroi les trois ou quatre spectateurs qui étaient restés là pour être témoins de la paix que goûte un impie au lit de la mort. A l'exemple de Julien l'apostat, son héros et son modèle, Voltaire est mort le blasphème à la bouche et la rage dans le cœur.

Après cette scène affreusement tragique, et qui humilia beaucoup plus les partisans de Voltaire que ne l'eût fait une bonne conversion, suivit la comédie. Le curé de Saint-Sulpice ayant refusé la sépulture ecclésiastique, et permis de faire du cadavre ce qu'on voudrait, on fit faire un acte pour constater la mort du défunt, après quoi on l'embauma ; le tout en secret. Ensuite on mit Voltaire mort dans sa robe de chambre, comme s'il eût été vivant ; on le mit en voiture avec un gardien à qui on recommanda bien haut d'avoir soin de M. de Voltaire, de lui donner de temps en temps un bouillon ; puis on le mit en route pour l'abbaye de Sellières.

L'archevêque de Paris fit la défense d'enterrer le cadavre en terre sainte, et les soi-disant philosophes cabalèrent inutilement pendant plusieurs jours pour obtenir contre le prélat des ordres supérieurs. Enfin, il fallut songer à se défaire de l'idole adorée, il y avait quelques jours, dans toute la rigueur du terme, et devenue incontinent après un objet d'horreur. Le cadavre fut enlevé furtivement de Paris ; on fit semblant d'aller à Ferney, mais ce n'était pas l'intention des conducteurs. Arrivés à Sellières, en Champagne, abbaye dont le neveu de Voltaire était supérieur, ils publièrent que leur maître était mort en chemin d'une manière fort chrétienne. L'évêque de Troyes, étant informé de ce manège, envoya sans délai défense de faire l'enterrement. L'ordre vint trop tard ; le prieur avait fini la cérémonie. On convint qu'on ne l'exhumerait pas, mais l'évêque jeta un interdit perpétuel sur la chapelle où avait été mis le corps, et le supérieur fut déposé par son général.

Les impies, désespérés de ne pouvoir procurer à leur chef des honneurs funèbres qui ne se refusent pas au dernier des artisans, entreprirent de célébrer ses obsèques au théâtre, en y faisant jouer la tragédie de *Mahomet,* ou le fanatisme, à laquelle ils auraient tous assisté en grand deuil ; mais la police ayant renversé ce pieux projet, les comédiens voulurent interrompre le spectacle pendant trois jours. La police leur envoya l'ordre de jouer comme à l'ordinaire. Le fameux d'Alembert alla demander aux Cordeliers un service pour le défunt ; les Pères le refusèrent.

Telle fut l'effroyable fin de cet homme que nos bourgeois prennent pour modèle. De là le nom de voltairiens pour désigner tous les individus qui se moquent de Dieu et de ses Saints, et qui ont largement contribué à nous enfoncer plus avant dans le pétrin dont nous ne sortirons qu'en les mettant à la raison.

VI

Qu'est-ce que la Franc-Maçonnerie qui nous gouverne ?

Les sociétés secrètes sont de tous les temps. L'humanité, prise en masse, est si faible, et elle compte toujours dans son sein des hommes si lâches, qu'il lui faut des secrets et des repaires pour l'assouvissement des passions. Chez les peuples anciens, il y avait des mystères qui purent d'abord servir à conserver certaines traditions, mais qui ne tardèrent pas à dégénérer en la plus crapuleuse débauche. Avec les sectes se perpétuent non pas la liberté et le bien-être, mais les goûts de licence honteuse et de révolte criminelle. Ces idées perverses se formulent plus nettement que jamais chez les farouches puritains d'Ecosse, ces indépendants, ces niveleurs qui firent monter Charles Ier à l'échafaud, ces républicains, ennemis violents de toute autorité. Cinquante ans après la mort du roi d'Angleterre, on vit s'élever une société secrète, qui semble avoir voulu absorber toutes les anciennes et réaliser enfin le but qu'elles avaient jusque-là vainement poursuivi. C'est la Franc-Maçonnerie.

La Franc-Maçonnerie comprend trois grades symboliques : l'apprenti, le compagnon et le maître ; de là aussi les insignes tirés des principaux instruments d'ouvriers maçons : le tablier, le compas, l'équerre, le niveau, la truelle. Ces trois grades sont comme la partie extérieure de l'ordre, enveloppée à peine d'un demi-secret. Ceux qui y sont initiés forment la multitude, le peuple de la société ; ils ne doivent voir dans la Franc-Maçonnerie qu'une association de fraternité et de secours mutuels ; ce sont les dupes et en même temps les porte-voix, les bras de la Maçonnerie. Ils servent encore à tromper l'opinion en voilant, par mille choses extérieures, indifférentes ou puériles, le secret des grades supérieurs qu'ils ignorent eux-mêmes. D'après la connaissance qu'on a pu prendre avec le temps de cet affreux secret, la Maçonnerie a pour objectif de faire prévaloir, au profit de la bourgeoisie, en politique la république et la démagogie, en religion la religion des instincts dépravés, des passions corrompues. Corruption et anarchie, tel est le dernier mot des sociétés secrètes.

Il serait curieux de montrer que la secte de nos jours, la plus redoutable aux gouvernements comme la plus ennemie de l'Eglise, est issue de celle que les empereurs et les rois chrétiens ont autrefois si sévèrement comprimée. Si elle est actuellement comparable à l'hydre aux cent têtes, c'est que depuis longtemps elle a été nourrie et protégée, contre les décisions formelles de la religion, par ceux-là mêmes que le ciel a chargés de l'anéantir. Aveuglés sur leurs propres intérêts, ils semblent avoir oublié les terribles leçons qu'ils en ont reçues.

On dit que de tous les souverains de l'Europe, un seul n'est pas franc-maçon. Et encore, je ne voudrais pas mettre ma main au feu qu'il y ait une exception. Tant pis pour les gros bonnets qui se laissent enlacer là-dedans ! mais malheur aux pays gouvernés par les francs-maçons !

Nous avons à examiner l'origine de cette société, et à établir son caractère anti-chrétien, anti-social. Quelle est l'origine de la Franc-Maçonnerie ? Les francs-maçons, pour se donner plus de prestige, font remonter l'institution de leur secte jusque dans les temps les plus primitifs de l'humanité. Suivant certains, la Franc-Maçonnerie part de Dieu même et de l'époque du chaos : Dieu créa la lumière, donc Dieu est le premier franc-maçon. Merci du peu de prétention ! tirez votre chapeau, père Matthieu, et saluez. Cependant Dieu ne pouvait tenir loge tout seul. Mais Adam tint-il loge avec sa femme ou sans elle ? Faisons-leur grâce de leur ignorance sur ce point et passons. Cependant, si l'on admet qu'Adam tint loge avec sa femme, c'est mal aux maçons d'exclure les femmes de leurs assemblées. Tint-il loge avec ses enfants? Dans ce cas, nous pouvons dire que Caïn fut un bien mauvais frère maçon. Entre frères, vrai de vrai, on ne doit pas ainsi s'égorger. — Noé a aussi sa part d'invention dans les loges. Evidemment l'arche s'est maintenue à la surface des eaux, grâce au talent des frères maçons. Quoi qu'il en soit de ces hypothèses que nous ne nous chargeons pas de débrouiller, nous allons examiner ce qu'il en est des sociétés secrètes.

L'histoire ne voit apparaître les loges maçonniques qu'au commencement du dix-huitième siècle. Vers 1725, les loges commencent à se multiplier et attirent les regards de l'autorité. En 1772, fut fondé le Grand-Orient de Paris. C'était moins une loge que la réunion de toutes les loges de la France. C'était une espèce de grand parlement maçonnique. On comprend toute la force de cette organisation. Les illuminés de l'Allemagne y furent admis, et le nombre des adhérents s'accrut de tout ce que le pays avait de corrompu, de pervers. Avec le nombre, l'audace redoubla, et l'on vit clairement quel génie infernal de destruction présidait au renversement de tout l'ordre social.

La Franc-Maçonnerie est une secte anti-chrétienne, acharnée à l'anéantissement de la religion et de l'autorité. Elle est absolument incompatible avec les préceptes de la religion. Le Christianisme, contrairement à ce que disent ses ennemis, ne répudie ni la raison, ni la loi naturelle, mais il proclame la dépendance de la raison à la foi. La Maçonnerie, au contraire, reconnaît Dieu, mais simplement comme architecte du monde, nullement comme législateur. Quant à ses croyances, elle admet l'indépendance de la raison et n'érige d'autel que pour le culte de la raison. Aussi, attaquer le côté religieux de la Franc-Maçonnerie, c'est attaquer une chimère; puisque toutes les loges combattent la religion à outrance. Juifs, mahométants, protestants, russes et américains sont admis dans les mêmes loges ; et un véritable paganisme en est plus près que le Christianisme. Rien de curieux comme les efforts des maçons pour anéantir la religion chrétienne.

C'est la religion de Jésus-Christ qu'ils attaquent corps à corps, qu'ils harcèlent sans relâche, qu'ils considèrent comme leur ennemie personnelle. Dans leurs incessantes déclamations contre ce qu'ils appellent la superstition, l'ignorance, ce qu'ils veulent atteindre, c'est la religion chrétienne. Il ne suffit pas de la combattre, il faut la diffamer, et, comme le disait Luther, il faut l'étouffer dans la boue. Le symbole maçonnique en impose aux timides et aux faibles, et tout mauvais sujet peut faire un excellent maçon.

La Maçonnerie a une morale cachée, des secrets politiques. Elle n'admet comme opposée à la morale que ce qui entrave l'exécution de ses projets ; elle permet tout ce qui contribue à ses progrès et à l'accomplissement de son œuvre de démolition, et cette morale horrible peut aller jusqu'à légitimer l'assassinat.

Ennemie de la religion, elle ne l'est pas moins de la société civile. Il y a dans la Franc-Maçonnerie deux parties bien distinctes : la Maçonnerie extérieure, avouée, puis la Maçonnerie intérieure, mystérieuse et cachée. La première perd même quelquefois son nom, car toutes les sociétés secrètes sont la Maçonnerie sous des noms différents. C'est celle-là qui est plus ou moins protégée, tolérée par les gouvernements et qui fait des dupes. La Maçonnerie n'a rien plus à cœur que de cacher ses projets ténébreux, diaboliques.

La question consiste à savoir le but de la Maçonnerie. Que veut-elle, où tend-elle ? Quelle est sa raison d'être ? Le but avoué, c'est la fraternité, le soulagement et le perfectionnement de l'humanité. Mais il y a un autre but secret, final, c'est la révolution, le renversement des trônes et des autels.

Il ne faut pas s'étonner si la Franc-Maçonnerie inspire une vague terreur aux gouvernements. Et néanmoins, malgré toutes ces craintes, la Franc-Maçonnerie trouve dans les princes et les grands, moins d'ennemis que de protecteurs. Des rois, comme Frédéric de Prusse, ne dédaignèrent pas de prendre la truelle et de ceindre le tablier. Pourquoi pas ? L'existence des hauts grades leux était dérobée, ils ne savaient de la Franc-Maçonnerie que ce qu'on pouvait en montrer sans péril, et, dans les réunions, ils ne voyaient que la comédie de l'égalité. Mais il est arrivé plus d'une fois que ces princes téméraires servaient aveuglément les entreprises dirigées contre eux-mêmes.

La Franc-Maçonnerie cherche avant tout le secret et l'ombre. Une propagande redoutable, grandissant tous les jours, a fini par couvrir le monde comme d'un immense réseau. Il y a quelques années, un écrivain catholique s'écriait : « Ou catholique, ou franc-maçon ; pas de milieu ! »

Voulez-vous savoir comment se font les réceptions dans ces antres de l'enfer? Ecoutez comme les choses se passèrent lors de l'initiation du duc d'Orléans, père de Louis-Philippe et arrière-grand-père du comte de Paris. On sait que ce prince, connu plus tard sous le nom de Philippe-Egalité, devint célèbre en votant la mort de son cousin, le roi Louis XVI.

Pour être admis au grade de chevalier, Louis-Philippe-Joseph fut introduit par cinq francs-maçons dans une salle obscure. Au fond était une grotte renfermant des ossements et éclairée par une lampe sépulcrale. Dans un des coins on avait placé un mannequin couvert de tous les ornements de la royauté. Lorsque le récipiendaire fut introduit, on le fit étendre par terre et, dans cette attitude, il reçut ordre de réciter tous les grades qu'il avait reçus et de répéter tous les serments qu'il avait faits. On lui fit ensuite une peinture emphatique du grade qu'il allait recevoir et on exigea de lui le serment de ne jamais le conférer à un chevalier de Malte. Puis, après quelques épreuves symboliques, on lui plaça dans la main droite un poignard et on lui ordonna de l'enfoncer dans le cœur du mannequin couronné. Ce qu'il exécuta. Une liqueur couleur de sang jaillit de la plaie, tomba sur lui et inonda le pavé. On lui ordonna ensuite de trancher la tête du mannequin royal, de la tenir élevée dans sa main droite, le poignard dans la gauche. On lui apprit ensuite que les ossements qu'il voyait dans la grotte étaient ceux de Jacques Molay, grand maître des Templiers, et que celui qu'il venait de poignarder et dont il tenait dans sa main la tête sanglante était Philippe le Bel, roi de France. Hélas ! nous pouvons tirer des conclusions : ce sang n'était-il pas l'image de celui de Louis XVI qui allait bientôt couler sur l'échafaud ?

Je ne ferai pas au lecteur l'injure de remarquer que la vengeance et la haine dont il est ici question ne peuvent regarder ni Philippe le Bel, ni Clément V. Ces personnages sont depuis longtemps à l'abri des vengeances des francs-maçons, et ils ne sont ici que des personnages figuratifs. Si quelque esprit simple et naïf pouvait croire le contraire, le rituel maçonnique du grade de chevalier Kadosch se charge de le détromper. Il veut que le récipiendaire venge la condamnation de Jacques Molay, soit figurativement sur les auteurs de son supplice, soit implicitement sur qui de droit. Voici qui est clair. Philippe le Bel et Clément V sont des personnages figuratifs. Mais que représentent-ils, que peuvent-ils représenter, sinon la royauté et la papauté ? Voilà l'ennemi, voilà l'objet de la haine et des vengeances de la Franc-Maçonnerie. Trois fois aveugle celui qui ne le voit pas ! Et croyez-vous que Gambetta disait du neuf quand à Romans il s'écriait : Le cléricalisme voilà l'ennemi ! Francs-maçons et républicains sont tous de *parfaites canailles*. Et, du reste, est-ce que l'histoire ne parle pas assez haut ? Est-ce que la Maçonnerie et toutes les sociétés secrètes ne sont pas les auteurs de la Révolution ? Lisez Louis Blanc, l'historien le moins suspect en la matière et très compétent en fait de maçonnerie et de révolution. « A la veille de la Révolution française la Franc-Maçonnerie se trouvait avoir pris un développement immense. Répandue dans l'Europe entière, elle agitait sourdement la France. Par le seul fait des bases de son existence, la Franc-Maçonnerie tendait à décrier les institutions et les idées du monde extérieur qui l'enveloppait. Il est vrai que les institutions maçonniques portaient soumission aux lois, observation des formes et des usages admis par la société du dehors, respect aux souverains. Il est vrai encore que, réunis à table, les maçons buvaient au roi dans les états monarchiques et au magistrat suprême dans les républiques. Mais de semblables réserves, commandées à la prudence d'une association qui menaçait tant de gouvernements ombrageux, ne suffisaient pas pour annuler les influences naturellement révolutionnaires, quoiqu'en général pacifiques, de la Franc-Maçonnerie. D'un autre côté, l'ombre, le mystère, un serment terrible à prononcer, un secret à apprendre pour prix de mainte sinistre épreuve courageusement subie, un secret à garder sous peine d'être voué à l'exécration, à la mort, des signes particuliers auxquels les frères se reconnaissent aux deux bouts de la terre, des cérémonies qui se rapportent à une histoire de meurtre et semblent couvrir des idées de vengeance, quoi de plus propre à former des conspirateurs ?

« Dans la Loge des *Neuf Sœurs* vinrent se grouper successivement Garat, Brissot, Camille Desmoulins, etc. Sieyès fonda au Palais-Royal le club des Vingt-Deux ; la Loge de la *Candeur* devint, quand la Révolution gronda, le rendez-vous des partisans de Philippe d'Orléans. »

Ajoutons que le club des Jabobins, qui fut par excellence l'antre révolutionnaire, voyait le plus fameux franc-maçon diriger ses conciliabules ténébreux. Il est à remarquer qu'au milieu de la Révolution française la Franc-Maçonnerie elle-même ait été effrayée de son œuvre.

Une des habiletés de la Franc-Maçonnerie consiste à changer de nom et de visage, à se développer et à agir sous une forme en apparence différente. C'est ainsi que la Charbonnerie française était sortie de la Loge des *Amis de la Vérité*. Les lois relatives à la sûreté des sectes sont sanctionnées par la peine de mort.

Les devoirs de tout charbonnier étaient d'avoir un fusil et cinquante cartouches, d'être prêt à se dévouer, d'obéir aveuglément aux ordres de chefs inconnus. Est-ce que tout cela est bien rassurant pour la société? Et si ce royaume de l'enfer n'était pas divisé contre lui-même, c'en serait fait du monde civilisé.

Voici le serment qui lie les membres à la société :

« Au nom de la République, je jure haine éternelle à tous les rois, à toutes les aristocraties, à tous les oppresseurs de l'humanité. Je jure dévouement au peuple; je jure de punir les traîtres; je promets de donner ma vie, de monter à l'échafaud si ce sacrifice est nécessaire pour ramener la souveraineté du peuple et l'égalité. Que je sois percé de ce poignard, si je viole mon serment! »

Quand nos aïeux parlaient des francs-maçons ils se signaient comme pour chasser le diable. Et ils avaient raison. Voilà qui nous gouverne aujourd'hui, et ces suppôts de Satan ne sont pas muets et inactifs comme la poupée de Martin.

VII

De la Franc-Maçonnerie (*suite*).

Prêtez l'oreille et vous entendrez répéter partout le même refrain : Ce sont les sociétés secrètes qui nous gouvernent. Que sait-on des sociétés? Si elles sont secrètes, que voulez-vous que l'on en sache? Pardon, les sociétés étaient secrètes et discrètes quand elles avaient quelque chose à redouter des gouvernements ; mais aujourd'hui que les rois, les empereurs et les princes de tout rang se déclarent les protecteurs des maçons, pourquoi ne pas étaler au grand jour le but de l'association ? On a la clef du coffre-fort, on vide la caisse; d'autres supporteront la faillite. A ce propos je dirai que la chose est fréquente en république. Certains cœurs sensibles s'apitoyent sur le sort des contribuables qui sont obligés de combler les trous que font les fonctionnaires de l'Etat. Je ne serai pas dur au point de dire que c'est bien fait. Un peu d'égoïsme m'en empêche; c'est que je suis contribuable aussi, moi. Mais qui m'empêcherait de dire que la faute en est aux électeurs ?

Revenons à notre sujet. Si les rois sont détrônés, si leur tête tombe, si leurs descendants vont finir leurs jours sur une terre étrangère, la faute en est plus à eux ou à leurs ministres qu'à leurs sujets. Ils veulent goûter au fruit défendu, ils en meurent : *Requiescant in pace ;* mais qu'ils se gardent de dire *meâ culpâ* sur la poitrine des autres.

L'amour de la vérité me force à raconter des choses inouïes. En 1748 naquit en Allemagne un nommé Weishaupt. Cet impie, d'abord professeur de droit, puis proscrit de sa patrie comme traître à son souverain, jouit plus tard paisiblement d'un asile sûr, nourri de pensions sur le trésor public et décoré du titre de conseiller honoraire à la cour de Saxe-Gotha. Quand je vous disais que nos républicains sont trop ignorants pour faire du neuf, avais-je raison ? Mais les anarchistes de 1852 reçoivent une pension de l'Etat : cela s'appelle secourir les victimes du coup d'Etat.

Bref, la jeunesse de Weishaupt ne fut signalée que par un trait de la dépravation la plus honteuse. Il avait séduit la femme de son frère; père atroce, il sollicite le fer et le poison contre le fruit de son incestueux amour. Exécrable hypocrite, il presse, il conjure et l'art et l'amitié d'étouffer l'innocente victime, l'enfant dont la naissance trahissait la conduite du père. Le scandale qu'il redoute n'est pas celui du crime ; c'est, il l'a écrit, c'est celui qui, rendant sa dépravation publique, le priverait de son autorité sur des élèves qu'il conduit aux forfaits sous le masque de la vertu. On vit ce scélérat avoir sans cesse dans la bouche le nom de la vertu et sous ce nom sacré enrôler les légions qui fourniront tous les bourreaux de Robespierre.

Weishaupt paraît à la tête d'une conspiration, auprès de laquelle toutes celles des révolutionnaires français ne sont que des jeux d'enfants. Il se lia avec tous les démagogues de son temps et les trouva trop réservés sur les conséquences de leur égalité et de leur liberté. Il ne prit d'eux que leur haine pour la religion et l'autorité et crut voir dans le lointain la possibilité d'inspirer à tout le genre humain le vœu pour l'abolition générale de l'ordre de choses établi depuis des siècles. Avec ses propres ressources l'allemand ne fût jamais venu à bout de ses desseins; mais il se vit bientôt secondé par les riches et les grands. Nous avons dit que Weishaupt était professeur de droit. Il fallait se sentir capable d'une bien grande dissimulation pour fonder sur l'interprétation des lois, le moyen de les anéantir. Il pesa l'influence que sa qualité de maître lui donnait sur ses élèves, il suppléa par des leçons secrètes à celles qu'il donnait en public.

Tout n'était pas de gagner à l'anarchie et à l'impiété les disciples qu'il avait sous la main. Le conspirateur voyait le genre humain partout soumis aux préceptes de la religion et à l'autorité des lois. D'un coup d'œil il comprit quelle influence devaient avoir sur les esprits et sur les cœurs les religieux et les prêtres qui dans les villes et les campagnes remplissaient les fonctions d'instituteurs de la jeunesse, d'orateurs et de directeurs des consciences; il sentit ce que les nations doivent aux prêtres qui, en prêchant aux hommes ce qu'ils doivent à Dieu, les lient par cela même à leurs devoirs envers la société, envers les souverains. Il ne lui parut pas impossible de faire de même. Ce qu'avaient fait tous ces hommes pour la religion et l'autorité, pourquoi ne le ferait-il pas contre la religion et l'autorité ? Par l'attrait des mystères et par des légions d'adeptes, comment ne détruirait-il pas dans les ténèbres ce qu'ils édifient en plein jour ? En prêtant à l'allemand cette funeste émulation, on n'en est pas réduit à de vaines conjectures. Ces vœux et ce langage sont consignés dans les confidences qu'il fait à ses disciples, jusque dans les reproches qu'il leur adresse.

Lorsque Weishaupt conçut ses projets de bouleversement, il ne connaissait pas encore l'objet de la Franc-Maçonnerie : il savait vaguement que les francs-maçons tenaient des assemblées secrètes; il les voyait unis par un lien mystérieux, se connaissant pour frères à certains signes, à certaines paroles, de quelque nation, de quelque religion qu'ils fussent. Il amalgama donc un système qui tenait du régime des religieux comme règle ; le silence mystérieux des francs-maçons ayant pour but la propagation du système le plus anti-social.

Tout occupé de son projet, il jeta les yeux sur ces élèves que le gouvernement lui confiait pour en faire les magistrats de la patrie, les défenseurs des lois, et il résolut de commencer par eux sa guerre à la société. A ses premiers disciples faciles à séduire, il en vit d'autres leur succéder. Leurs légions s'accrurent, se multiplièrent dans les villes et les campagnes et jusque dans les cours des souverains. Il entendit d'avance les serments qui allaient lui soumettre l'opinion, les cœurs et les bras de ces légions remplies de son esprit et partout occupées à miner les autels et les trônes. Il calcula les temps et il sourit à l'explosion universelle qui devait embraser l'Europe.

Voilà le berceau du Jacobinisme. Nous sommes assez naïfs en France pour croire la Révolution terminée ! Dans les vœux d'une secte terrible et irréconciliable, nous n'en sommes encore qu'à la première partie des plans qu'elle a formés pour anéantir toute propriété, effacer toute loi, dissoudre toute société, et nous ramener à l'état de barbarie. Quel contre-sens ou contre-bon-sens ! Le plan de Weishaupt était médité, réfléchi et fixé jusqu'à ce qu'arrivât le temps de soulever et de diriger toutes les légions préparées à l'exercice ; ce temps si bien annoncé de lier les mains, de subjuguer, de faire feu et de vandaliser l'univers. Alors l'anathème sera prononcé sur Dieu, sur les nations, sur la société; alors les républicains, contemplant ces ruines, pourront dire avec orgueil : Venez, célébrons la gloire de nos pères.

Pour vous convaincre, Français, que tel est bien le projet des francs-maçons, allez voir les ruines de la Cour des comptes. Elles sont encore là pour attester la fureur aveugle de républicains vomis par l'enfer pour châtier la terre. Naguère encore, vous eussiez vu les Tuileries et l'Hôtel-de-Ville; mais ces témoins muets déposaient trop clairement contre la *clique* qui nous gouverne : les Tuileries ont été rasées jusque dans leurs fondements; consolez-vous, par compensation la statue de Gambetta sera érigée sur le même emplacement ! Dérision ! L'Hôtel-de-Ville vient d'être reconstruit moyennant la modeste somme de quarante millions. C'est la danse des écus.

Quelle part la secte allemande a-t-elle eue à la Révolution qui bouleversa la France ? Comment engendra-t-elle ce fléau, appelé dans ces jour de forfaits et d'horreurs *Jacobins?* Nous allons le voir. En attendant, ne croyez pas que de parti pris je blâme la Révolution qui a fait une France pour ainsi dire nouvelle ni que je condamne les réformes sages, et obtenues sans effusion de sang. La question sera traitée en temps et lieu.

Voyons encore ce qui se trame en Allemagne. De ce côté il ne nous viendra jamais rien de bon. Les projets de Weishaupt avaient fait d'immenses progrès en quelques années. Les contestations, les rixes, l'immoralité des jeunes révolutionnaires excitèrent plus d'une fois l'attention de la police; l'autorité publique fit des efforts, mais toujours inutiles, pour la suppression des conciliabules. Ces loges d'écoliers n'étaient pas inconnues en France ; mais les membres qui les composaient furent tournés en ridicule sur quelques points de leurs symboles, et cette arme favorite du français eut raison de ces chevaliers d'un nouvel ordre. Pour jeter les fondements de son association, Weishaupt choisit naturellement ses adeptes parmi ses élèves. Ses recrues se composaient de jeunes gens de dix-huit à vingt ans ; c'est l'âge où les passions se prêtent plus facilement à la séduction. Il y eut dans le zèle de ces premiers disciples bien des variations. L'un avait déjà volé la caisse de l'ordre, un autre profita si bien des leçons de l'impiété, que, la publicité de ses scandales s'accordant mal avec le mystère dont il fallait s'entourer, il fut chassé. Le plus grand obstacle vint de ceux-là mêmes de qui on espérait le plus de secours. Dans leurs cavernes souterraines, les brigands ont aussi leurs dissensions ; des jalousies d'autorité, des guerres intestines s'élevèrent. Et il fallut toute l'énergie et l'infernale audace de l'Allemand pour triompher des premières difficultés. Il recommandait à ses enrôleurs de faire leurs recrues parmi les professeurs et les maîtres d'école, comme le vrai moyen d'attirer à lui la jeunesse de toutes les castes. De là ce zèle pour envoyer ses adeptes dans toutes les maisons d'éducation afin de se procurer ce qu'il appelait les frères insinuants. Il s'en fallait qu'il trouvât à tous ses disciples la docilité dont il avait besoin pour ne voir dans eux que les instruments de ses projets. Tels qu'il les peint, les affiliés de la noblesse, par cela seul qu'ils étaient riches, avaient tous les vices de leur état : ils étaient ignorants, orgueilleux, lâches, paresseux au suprême degré, et il voulait des hommes à qui l'appareil en imposât. Les reproches qu'il fait à bien d'autres adeptes nous montrent une bande d'initiés sans mœurs, ne cherchant qu'à satisfaire leurs passions, leurs intérêts, leur avarice, souvent même, par leur dissolution et leurs scandales, exposant le fondateur à passer pour un corrupteur de la jeunesse. Il lui fallait, comme lui, des hommes qui, sachant en secret satisfaire leurs passions les plus infâmes, affectassent en même temps un extérieur de vertu, de modération et de sagesse capable d'en imposer.

Les associés purent s'introduire dans les conseils et les bureaux des administrations politiques, soudoyés par les princes et par l'Etat. Il n'y a pas lieu de s'étonner en voyant une génération naître et grandir avec tous les principes du jacobinisme dans le sein même des écoles fondées par les princes pour l'éducation de la jeunesse, quand on sait que ces mêmes princes avaient à cœur de faire échec à la religion et n'hésitaient pas à sacrifier l'argent de leurs sujets pour les corrompre, sous prétexte de les plus facilement gouverner. Les souverains et leurs ministres ignorent que le vrai moyen d'échapper aux sociétés secrètes, c'est de n'en tolérer aucune. Ce que les souverains et les grands ignoraient, c'est l'état dans lequel se trouve la Franc-Maçonnerie même de nos jours. Quelque chose d'étonnant et qui dépasserait la foi humaine, si les progrès des francs-maçons vers 1789 n'en fournissaient l'explication, c'est l'inactivité et l'espèce de sommeil dans lequel toutes les cours de l'Europe restaient ensevelies, malgré les avertissements qu'elles recevaient de tous côtés. Il semble qu'une indignation générale et soutenue aurait dû prémunir les esprits contre les complots des francs-maçons. Point du tout. Dieu met un bandeau devant les yeux des gens qu'il veut laisser se précipiter dans le gouffre. Les événements dont nous parlons se passèrent il y a un siècle, les progrès constants des sociétés secrètes se sont affirmés par des faits indéniables, est-on plus sage ?

Au sein de notre société endormie et corrompue vit et veille une autre société décidée à tout ravager, à tout corrompre. Depuis l'époque dont nous parlons, les sociétés secrètes n'ont cessé d'agir, sous une dénomination ou sous une autre, mais toujours dans le même but. En 93, c'est sous le nom de *jacobinisme,* aujourd'hui sous le nom d'*internationale,* que les francs-maçons révolutionnent la France et la ruinent. Ce sont des vampires attachés à ses flancs et qui l'épuisent dans ce qu'elle a de plus sain, de plus généreux. L'ouragan venu de l'enfer a fondu sur notre pays, et jamais, à aucune époque de notre histoire, le niveau moral n'était tombé si bas. Tous les imprudents enveloppés dans ce vaste réseau de séduction forment une armée de bras prêts à s'ébranler au premier signal. Quelle effroyable licence ! quel débordement d'impiété ! on ne sait plus garder aucune mesure ; on ne respecte rien. L'imprimerie semble n'avoir été inventée que pour répandre plus vite et plus sûrement dans la société le venin de l'irréligion. Le flot du mal monte sans cesse. Tous les jours, les mauvais journaux empoisonnent les âmes et des ambitieux corrompent le le peuple. La Révolution affirme toujours plus haut la légitimité des passions de l'homme et son droit absolu dans l'organisation de la société. Il s'agit toujours d'établir l'ordre social en dehors des principes religieux. Malgré tous ses mécomptes, la Révolution ne désarme pas. Les avortements ont beau se succéder, qu'importe ! on tient quand même à l'utopie de la science nouvelle et avec une persévérance tout à fait cynique. Jusques à quand pourra-t-on affirmer que la France est assez riche et assez patiente pour payer les expériences charlatanesques des empiriques ?

En mars 1872, juste un an après les incendies de Paris par les brigands de la Commune, la Chambre fit une loi contre l'association dite l'Internationale. C'était un déguisement sous lequel les ouvriers se cachaient. L'Internationale et la Franc-Maçonnerie sont une seule et même chose.

Voici la teneur de cette loi :

« Art. 1er. — Toute association internationale qui, sous quelque nom que ce soit, aura pour but de provoquer à la suspension du travail, à l'abolition du droit de propriété, de la famille, de la patrie, de la religion ou du libre exercice des cultes, constituera, par le seul fait de son existence et de ses ramifications sur le territoire français, un attentat contre la paix publique.

« Art. 2. — Tout Français qui, après la promulgation de cette loi, s'affiliera ou fera acte d'affilié à l'Association internationale des travailleurs ou à toute autre association professant les mêmes doctrines et ayant le même but, sera puni d'un emprisonnement de trois mois à deux ans et d'une amende de cinquante à mille francs. Il pourra, en outre, être privé de tous ses droits civiques, civils et de famille. — L'étranger qui s'affiliera en France ou fera acte d'affilié sera puni des peines édictées par cette présente loi.

« Art. 3. — La peine de l'emprisonnement pourra être élevée à cinq ans et celle de l'amende à 2.000 francs, à l'égard de ceux, Français ou étrangers, qui auront accepté une fonction dans une de ces associations ou qui auront sciemment concouru à son développement, soit en recevant, soit en provoquant à son profit des souscriptions, soit en lui procurant des adhésions collectives ou individuelles, soit enfin en propageant ses doctrines, ses statuts ou ses circulaires.

« Ils pourront, en outre, être renvoyés par les tribunaux correctionnels, à partir de l'expiration de la peine, sous la surveillance de la haute police pour cinq ans au moins et dix ans au plus.

« Tout Français auquel aura été faite l'application du paragraphe précédent restera, pendant le même temps, soumis aux mesures de police applicables aux étrangers.

« Seront punis d'un à six mois de prison, et d'une amende de 50 à 500 francs, ceux qui auront prêté ou loué sciemment un local pour une ou plusieurs réunions, d'une partie ou section quelconque des associations susmentionnées. »

Cette loi, dictée par la peur, est restée lettre morte. Qu'on me cite un criminel condamné pour le seul chef de son affiliation à l'Internationale ! Mais l'autorité veille quand même au maintien de l'ordre en interdisant les processions dans les localités où la circulation s'en trouverait gênée. (Remerciez donc, père Matthieu. Vous n'êtes qu'un ingrat, et je désespère de vous faire croire que la meilleure des républiques est capable d'une besogne de quelque propreté.)

VIII

Il est antifrançais de suivre Jean-Jacques et Voltaire.

Jean-Jacques naquit à Genève en 1712. Fils d'un père sans mœurs, il passa ses premières années à lire des romans. Cette lecture, il en convient, lui donna sur la vie humaine des notions bizarres dont l'expérience et la réflexion n'ont jamais pu le guérir. Son père ayant été obligé de quitter Genève, il fut mis en pension chez un ministre calviniste, où il apprit un peu de latin et contracta des habitudes vicieuses. Placé comme clerc chez le greffier de Genève, il fut reconnu inapte et renvoyé. Un graveur consentit à le recevoir en apprentissage ; cet homme grossier l'accablait de mauvais traitements, dont l'effet fut de l'abrutir totalement. La fainéantise, le mensonge et le vol devinrent ses vices favoris. Il s'évade enfin pour courir après la fortune et s'arrête à Annecy. C'est là que, n'ayant que seize ans, il trouva une protectrice dans la baronne de Warens. Comme elle était devenue catholique, elle travailla sans relâche à convertir son protégé. Elle le fit partir pour Turin avec des lettres de recommandation qui devaient lui ouvrir l'hospice des catéchumènes. Ce séjour lui devint bientôt odieux et il consentit sans peine à changer de religion pour en sortir. Après avoir erré quelques jours dans les rues de Turin, il s'estima très heureux d'entrer comme laquais chez la comtesse de Vercellis. Il y commet un vol et en accuse une pauvre servante. Chassé de là, il entre au service du comte de Gouvon, où il est comblé de bontés, mais d'où il se fait renvoyer par son insolence. Sans ressources, il va implorer la pitié de la baronne de Warens, qui l'accueille et lui prodigue les soins d'une mère. Un homme excellent, qui gouvernait la maison de cette dame, témoigna au jeune vagabond une affection toute paternelle. Il mourut, et Rousseau n'y vit que le plaisir d'hériter d'un habit neuf.

La baronne songeait à l'avenir de son protégé plus que lui-même. Elle chercha à lui ouvrir la carrière ecclésiastique en le faisant entrer au séminaire. On l'en renvoya bientôt comme n'étant bon à rien. Elle l'accueille encore et le met en pension chez le maître de musique de la cathédrale. Ce maître part pour la France avec son élève. Les deux voyageurs arrivent à Lyon. Le maître, au milieu d'une rue, est saisi d'une attaque qui ressemble à l'épilepsie ; la foule l'entoure. Jean-Jacques profite du trouble pour se sauver. Il retourne à Annecy ; sa protectrice était partie. L'idée vint à Jean-Jacques d'aller à Lausanne, de s'y dire de Paris, où il n'avait jamais mis les pieds, et d'y enseigner la musique qu'il ne savait pas. Après quelques aventures, il arrive à Paris. Partout rebuté, il repart pour la Suisse dans l'espoir de rejoindre la baronne de Warens. Il apprend qu'elle habite Chambéry et va l'y trouver. Elle lui procure une place qui le faisait vivre honnêtement, mais dont il ne tarda pas à se dégoûter pour revenir à la musique et au chant. Il quitte la musique pour étudier l'algèbre, la géométrie, l'astronomie, le jeu des échecs, que sait-on ? Au milieu de ces occupations, il est dominé par une pensée fixe : c'était la peur de l'enfer ; mais il dissipa cette idée. A trente-trois ans, il résolut de mener une vie indépendante et vint à Paris. Il s'avisa de tomber amoureux de la servante de l'auberge où il logeait. Elle s'appelait Thérèse et n'avait rien qui pût séduire le cœur d'un homme. Néanmoins Rousseau ne respira plus que pour elle. Il entreprit son éducation et ne put jamais lui apprendre à bien lire. Il eut de la servante Thérèse, sans vouloir l'épouser, cinq enfants qu'il fit porter à l'hôpital des enfants trouvés, omettant exprès plus tard de prendre aucun moyen de les retrouver. Les impies du temps, trouvant en lui un homme digne d'eux, l'enrôlèrent dans leur bande. Au bout de quelques mois, il les abandonne et se met à écrire.

En 1753, il renie la foi catholique. Il écrit l'*Emile* et la *Nouvelle Héloïse* après son discours sur l'inégalité parmi les hommes. Ces deux romans, *Emile* et *Héloïse,* s'imprimaient en Hollande. Mais le directeur de la librairie en France, Malesherbes, recevait les épreuves et les corrigeait de sa main. Signe du temps. En présence de ce fait et de beaucoup d'autres, pourquoi verser des larmes sur les maux que la noblesse dut supporter en 1793 ? Allons donc ! gardons notre compassion pour qui la mérite. Si l'*Emile* était lu en France, on le brûla à Genève ; l'auteur fut décrété de prise de corps. A Paris on fut obligé d'en faire autant par amour-propre. Il s'évade de sa prison, va en Angleterre, d'où il revient après s'être brouillé avec Hume, repasse en France, où il épouse enfin la susdite Thérèse, après vingt-six ans de concubinage, mais sans reconnaître leurs bâtards.

Rousseau était misanthrope et, vers cette époque, son humeur atrabilaire fit de rapides progrès. Des convulsions fréquentes bouleversaient sa personne, rendaient son visage méconnaissable et ses regards effrayants. Il n'était quelquefois pas maître de dissimuler ce qu'il éprouvait. On l'avait entendu avouer qu'en Angleterre il avait été pris d'un accès de folie. Il mourut à Ermenonville, près de Paris. Faut-il le dire ? il s'était suicidé. Telle fut la vie d'un individu dont les révolutionnaires et les francs-maçons font l'éloge. Faire connaître la vie intime de certains hommes vaut peut-être mieux que de s'amuser à réfuter leurs doctrines. Nos républicains, eux, n'y regardent pas de si près. Ils ont mis au Panthéon les restes de Jean-Jacques et de Marat, qui étaient deux Suisses ; ils élèvent des statues à tous les personnages malpropres qui ont souillé l'humanité de leurs vices. Je n'aime pas entendre affirmer que de pareils monstres, la honte du genre humain, furent les auteurs de la Révolution de 89.

Le côté vicieux et corrompu de Jean-Jacques, nous le trouvons dans ses propres aveux. A la suite d'une altercation assez vive avec une dame, sa bienfaitrice :

— Mon ami, lui dit celle-ci, vos torts ne sont qu'une aberration de votre esprit ; votre cœur n'y a point part.

— Où diable avez-vous pris cela ? répliqua Jean-Jacques ; sachez une fois pour toutes que je suis vicieux, que je suis né tel. Pour vous prouver à quel point ce que je vous dis est vrai, apprenez que je ne saurais m'empêcher de haïr les gens qui me font du bien.

On voit que Jean-Jacques résumait assez bien en sa personne toute la philosophie moderne par son orgueil et sa corruption. Faut-il tant s'étonner que les républicains le prennent pour patron ? Qui sont ceux qui composent ce parti, sinon des mécontents, des déclassés ou des ganaches qui s'imaginent que la société doit les nourrir et les blanchir ? Encore, seraient-ils contents ?

Jean-Jacques avait de bons mouvements par intervalle. On l'engageait à écrire en faveur des protestants ; il ne céda point à ces instances, attendu qu'il ne serait pas équitable de réclamer l'indulgence pour des gens qui sont persécuteurs eux-mêmes. « Le clergé catholique, dit-il, qui seul avait à se plaindre de moi, ne m'a jamais fait ni voulu du mal, et le clergé protestant m'en a fait parce qu'il est aussi stupide que courtisan. » Parlant de l'Evangile, il s'écrie : « Se peut-il qu'un livre, à la fois si sublime et si simple, soit l'ouvrage des hommes ? » Est-ce là le langage d'un fanatique ? Non certes ! Si Jean-Jacques ne veut pas de christianisme pour base d'une société politique, c'est que le christianisme est trop sociable et qu'il inspire trop d'humanité. Mauvais fils d'un mauvais père, ingrat envers ses bienfaiteurs, père dénaturé, il a raison de dire, en se l'appliquant à lui-même, que tout ce qui n'est pas dans la nature a ses inconvénients et la société civile plus que tout le reste.

Ce qui étonne le plus après tant d'incohérences, c'est que les Français les ait tant admirées. On parle d'ignorance, nous commençons à croire qu'il y a des siècles d'ignorance et le nôtre en particulier, car il n'y en a pas qui aient produit plus d'auteurs sans raison et qui leur aient accordé une admiration plus idiote.

Jean Jacques, il faut être juste, a parfois estimé les hommes à leur valeur. Parlant de Voltaire : « Ce fanfaron de vices, dit-il, ce beau génie et cette âme basse, cet homme si grand par les talents, si vil par leur usage, paie l'hospitalité par la calomnie et le mensonge. La ruine des mœurs, la perte de la liberté seront à Genève les monuments de sa gloire et de sa reconnaissance. S'il reste quelqu'amour de la patrie dans les cœurs, on détestera sa mémoire. » Il fit mieux, il écrivit à Voltaire : « Vous corrompez les mœurs de ma république. » Voltaire répond : « Qu'un Jean-Jacques, qu'un valet de Diogène, que ce polisson ait l'insolence de m'écrire que je corromps les mœurs de sa patrie ! le polisson ! le polisson ! Quand on a donné des éloges à ce polisson, c'est alors qu'on offrait une chandelle au diable. J'ignore comment vous avez appelé du nom de grand homme un charlatan qui n'est connu que par des paradoxes ridicules et une conduite coupable. Il écrit contre la France qui l'a nourri. Il fait bien voir ce qu'il est, un fou, un vilain fou. Jean-Jacques est une bête féroce, qu'il ne faut voir qu'à travers des barreaux et ne toucher qu'avec un bâton. » Les os de ces deux philosophes ont dû tressaillir de colère en se rencontrant côte à côte au Panthéon avec ceux de Marat !

Oui, la France idolâtre de l'honneur et de la gloire sentit et sent encore le besoin de se créer des dieux, et, pour leur trouver un temple, elle profanera une église. Le Panthéon, cette froide et mesquine réminiscence d'un paganisme du moins croyant, a été volé, restitué, volé encore par les coryphées de l'athéisme. Ce temple, donnant asile aux restes de Voltaire, de Rousseau, de Marat, aux crânes de ces grands hommes, les restes échappés à l'échafaud, au suicide, à la peste de la prostitution, les cendres dégoûtantes de ce que la terre a souffert de plus abject, de plus dégradé, de plus ignoble en fait de barbarie, de luxure et de dépravation : quelle gloire ! et c'est celle que distribue la Révolution reconnaissante !

L'histoire ne saurait taire cependant qu'un grand nombre de Français, à la veille de ces forfaits, ont protesté contre l'honneur rendu à des écrivains frivoles et corrupteurs.

Tels pères, tels fils. Voltaire mentait effrontément et recommandait à ses disciples de mentir. Eh bien, et celui qui répond au nom de Ferry a-t-il assez menti? Rousseau a vécu en concubinage! belle affaire! J. Ferry, pas C. Ferry passé maître aussi dans l'art de mentir, J. Ferry vit en concubinage avec celle qu'il ose appeler sa femme. J. Ferry, en d'autres termes, lors de son mariage, n'a pas mis les pieds à l'église. N'oubliez pas que Gambetta avait dit que ce misérable perdrait la France.

Le mensonge, voilà l'arme favorise des républicains. Ils sèment partout la discorde, détestent les défenseurs de la vraie liberté, élèvent sur la ruine publique autant de fortunes privées qu'il y a d'ambitieux faméliques à assouvir; ils soupçonnent toutes les grandeurs et l'honnêteté, et, pour cacher leur honte, il leur faut mentir. Ainsi les intérêts du pays se trouvent réduits à un pitoyable état par le manque de probité et de vertu chez ceux qui en prennent la direction sans y rien comprendre; et comme, pour réussir avec honneur dans le gouvernement, l'honnêteté leur faisait défaut, ils se servent de la ruse et de l'artifice. Et que valent la vertu, la prudence, si Dieu ne les seconde? Car on ne m'ôtera jamais de l'esprit que le souverain des hommes et de tout l'univers ait voulu, en république comme en monarchie, lâcher la bride à l'avidité, à la convoitise. Pour une monarchie le voisinage d'une république est très salutaire, et celui d'une monarchie ne l'est pas moins pour une république. La crainte d'entendre crier sous sa fenêtre *A bas la république!* ou *A bas la monarchie!* devrait inspirer de la retenue et de la pudeur au gouvernement. Mais pour les esprits vils et abjects la crainte seule de perdre une fonction bien payée produit quelque impression.

Les républicains ignorent que la conservation d'un Etat consiste dans l'honnêteté et la vertu, d'où il résulte que l'affection qu'ils prétendent porter au peuple n'a d'autre motif que leur intérêt personnel. Le pire est qu'ils trompent la naïve confiance de leurs concitoyens, quand ils portent si peu de capacité au maniement des affaires, et quand ils font prévaloir leurs sentiments, ne parlant que du don céleste de la liberté. La masse des républicains est infectée de l'ignorance. Pour un qui est honnête, désintéressé, il en est cent qui n'aiment ni la justice ni la prospérité de leur patrie.

Le peuple perd gros à ce jeu. Ah! si, bon enfant qu'il est, il se laissait guider par ceux qui savent, les affaires de la France ne seraient pas en si mauvaise posture.

En ma qualité de Français, pour ne pas séduire mes contemporains comme Rousseau séduisit Thérèse, pour ne pas mentir comme le fit jadis Voltaire, comme Ferry l'a fait tout récemment, je dis que la plus grande imposture est de prétendre diriger et gouverner les hommes sans en avoir le talent.

IX

La vérité sur les principes prétendus de 89.

Le temps était enfin venu où la France allait briser avec son passé pour s'élancer comme un cheval fougueux vers un avenir qu'elle ne pouvait encore ni prévoir, ni connaître à plus forte raison. Il y avait des abus à réformer, dit-on. Soit. Eh bien, il fallait réformer, redresser, corriger, mais ne pas tout fracasser. Les lumières que les hommes de désordre vont répandre ressemblaient à ces clartés sinistres qui ne brillent que dans la tempête, qui ne frappent la vue que pour découvrir des abîmes et un horizon chargé de nouveaux orages près d'éclater. Leur système n'aboutira qu'à mieux faire sentir le prix de l'autorité, par l'expérience des maux que ces bouleversements entraînent. Depuis cent ans la France est en révolution, et où en sommes-nous? Plus de lien dans les familles, plus de sûreté dans les relations de la vie, plus d'amour pour la patrie, plus d'équité, plus d'honneur. L'arbitraire, établi sur la ruine des notions de tous les devoirs, répand dans les esprits l'incertitude, la défiance, la langueur, une espèce de mort morale, présage des plus funestes événements. Et qui défend la société? Presque personne.

Aux Etats-Généraux de 1789, le clergé, par un sentiment généreux, allait au-devant des réformes nécessaires ; il renonçait à l'exemption de l'impôt et consentait à contribuer pour sa part aux charges publiques ; dans l'intérêt des classes pauvres, il demandait que les biens de la noblesse fussent également soumis à l'impôt et que les journaliers seuls jouissent de l'immunité ; il réclamait pour les indigents et les ouvriers le droit de n'être soumis ni à la saisie mobilière ni à celle de leurs outils ; il insistait pour qu'on imposât surtout les objets de luxe. Il proposait la suppression de tous les monopoles et usages qui grevaient le commerce et l'agriculture, la suppression des corvées et en général de tous les privilèges féodaux. Enfin il demandait que tous les citoyens fussent également admissibles aux emplois civils et militaires. Au lieu d'écouter de si sages remontrances et d'opérer ces réformes d'une manière pacifique, les révolutionnaires aimèrent mieux mettre tout à feu et à sang. Le clergé et le roi, qui seuls voulaient sincèrement le bien des basses classes, en furent récompensés comme l'on sait.

La noblesse se montrait plus jalouse du maintien de ses droits. Je cite ces faits non pas pour récriminer de parti pris, mais pour bien faire connaître de quel côté est la vérité. Ce qui nous montre que ces députés de tous les ordres connaissaient fort peu leur histoire, c'est de voir avec quel délire on reçut la proclamation des droits de l'homme et surtout le principe de la souveraineté nationale. Ceci parut une nouveauté. L'histoire est là pour attester que, dès les premiers temps de la monarchie franque, le peuple faisait usage de son autorité contre le souverain.

Le peuple, indigné contre Childéric, père de Clovis, le chassa du royaume et élut à sa place un romain qui régna pendant huit ans. Au bout de ce temps Childéric revint, à la prière de ses sujets. La royauté n'était donc ni héréditaire, ni inamissible.

Dans la charte que fit Charlemagne pour partager son royaume entre ses fils on lit : « Si l'un des trois frères laisse un fils que le peuple veuille élire pour succéder à son père dans l'héritage du royaume, nous voulons que les oncles de l'enfant y consentent et qu'ils laissent régner le fils de leur frère dans la portion du royaume qu'a eue leur frère son père. » Cet article est une preuve qu'au temps de Charlemagne les fils d'un roi ne succédaient point de droit à leur père, ni par ordre d'âge, mais qu'il dépendait du peuple d'en choisir un. Cet article est de Charlemagne qui s'entendait aux affaires du gouvernement.

En 817 le fils de Charlemagne convoqua la généralité de son peuple pour partager son royaume entre ses trois fils et fixer la part d'autorité qu'aurait l'assemblée de la nation pour juger les différends entre les princes et pour élire des rois parmi leurs descendants. Et afin que tout cela se fît convenablement, on s'y prépara par le jeûne et la prière. A la bonne heure ! Jeûnez et priez, messieurs les députés. Le jeûne aura pour effet d'affaiblir votre exaltation cérébrale, et la prière celui de porter quelque lumière dans vos ténébreux cerveaux.

Dans la même charte il est dit : « Si quelqu'un d'entre les princes devenait oppresseur de la religion et des pauvres, ou exerçait la tyrannie, qui renferme toute cruauté, ses frères l'en avertiront jusqu'à trois fois ; et s'il méprise les remontrances qui lui seront faites, qu'il soit réprimé. Si l'un des princes laisse des enfants légitimes, la puissance ne sera point divisée entre eux, mais le peuple assemblé choisira celui qu'il plaira au Seigneur. » Tel est l'article 14e. Au 15e nous lisons : « Si l'un d'eux meurt sans laisser d'enfants légitimes, sa puissance retournera à l'empereur. »

Ces articles si importants ne sont pas cités dans les histoires de France. C'est l'ignorance plus ou moins volontaire de ces faits qui a tant embrouillé les choses fort claires au moyen âge. A cette époque on regardait Dieu comme la source de la souveraineté et le peuple comme le canal de cette même souveraineté. On unissait par une science vraie ce que les auteurs modernes divisent par ignorance. Nous pourrions citer d'autres faits en témoignage de la thèse que nous soutenons. Quoi qu'il en soit, lorsque l'assemblée de 1789 déclara que la souveraineté de la France résidait dans la nation française, elle ne fit que restaurer l'ancien droit du peuple. Mais comme on ignorait ces choses d'histoire, cette restauration ne se fit pas avec intelligence, mais avec trouble. Paris était un volcan où fermentaient tous les éléments de désordres et, chose honteuse à dire, des étrangers venaient faire la loi chez nous. Le hideux Marat était de Neufchâtel comme d'autres étaient belges ou prussiens. Et au lieu de fusiller cette infernale engeance, on lui accorde une généreuse hospitalité ! La populace enrégimentée sous la bannière du crime se souille de tous les plus odieux forfaits sous prétexte d'exercer son autorité souveraine. La voilà cette souveraineté populaire non déguisée ! Mais là n'est pas le peuple sage, actif et généreux tel que nous le connaissons. Le peuple est proclamé souverain de par les principes de 89. Que faut-il penser de ces principes ? C'est ce que nous allons examiner.

L'expression consacrée de *principes de 89* nous paraît fausse. Les principes sont des vérités absolues, pratiques, certaines, éternelles. Or 1789 n'est qu'une date ; et si les principes de 89 ont commencé à cette date, ils ne sont pas principes; pour être tels, ils doivent remonter plus haut.

Les fanatiques de 89 ont donné là-dessus leur manière de voir: elle se réduit à la monarchie constitutionnelle, à ce que l'on appelle vulgairement *le parlementarisme*. On a écrit souvent que la Révolution française est sortie de l'Evangile. C'est là une profonde erreur. On ne fut jamais moins disciple de Jésus-Christ que ne le furent les auteurs de la Révolution.

L'idée de la démocratie française est l'idée des droits de l'homme poussée à l'extrême. Son point de départ d'abord n'est nullement la charité et la résignation ; c'est la recherche inquiète d'une égalité chimérique. Apre et jalouse, elle prétend établir le bonheur et les droits de tous sans avoir besoin de prêcher la vertu, l'abnégation, le sacrifice.

Avec cela on sera puissant pour détruire, mais absolument nul pour fonder. Le monde ne tient debout que par un peu d'idéal et de charité. Une société où chacun n'aime que soi, où personne ne s'impose de sacrifice, ne pourra longtemps subsister.

De nos jours il y a émulation de tendresse pour les principes de la grande Révolution française. Ces principes, on les voit inscrits sur les bannières rivales, chacun s'échauffe pour les défendre et chacun les compromet ou les trahit.

Pour un esprit sincère et sérieux l'embarras est grand de connaître au juste ces principes de 89. Quelle part font-ils à la liberté ? Où en est l'interprétation légitime ? Quelle obéissance leur doit-on ? A quel point engagent-ils la conscience ? En république on s'occupe beaucoup de toutes ces questions, et toutes restent obscures. On voit paraître parfois quelques définitions impératives et rien n'est éclairci. Ce qui apparaît clairement des opinions divergentes basées sur les principes de 89, c'est qu'au lieu d'unir, ces principes divisent.

D'un côté je vois une pétaudière qui traite de retardés les partisans d'un 89 honnête, rangé, qui tient à la famille, à la religion, à la propriété ; d'un autre côté des blancs ou des libéraux qui regardent d'un œil farouche ce qu'on appelle les aristos, race dégénérée et parfaitement inoffensive. De Caze, de Broglie, de Barante ne pensent pas comme Cavaignac et Lafayette, et tous crient cependant : *Vive 89 !*

Lisez les discours des nullités de tous les centres de 1830, de 1848 ; si vous y trouvez une définition des principes de 89 que consentent à signer tous les bons amis de 89, je vous paie un merle blanc. Le 89 des candidats conservateurs n'est pas le 89 des candidats du gouvernement. Quel est le bon? Cherchez, braves électeurs ; mais ne vous attendez pas à l'apprendre des pitres qui viennent mendier vos suffrages.

S'il s'agit de la Révolution faite, de la Révolution rentrée dans son lit et ne pouvant plus se gonfler sans qu'aussitôt tous les éclusiers, infanterie, cavalerie, artillerie, ne se présentent pour la réduire à son niveau, ce n'est plus la vraie Révolution. Elle a une loi, un maître, elle dont l'essence est de ne reconnaître rien au-dessus d'elle ! Comment ! elle a un cours réglé, elle dont le génie est de tout ravager ! Comment ! les principes de l'ordre social osent s'imposer à la Révolution ! Allons donc ! mais la Révolution domptée, muselée, n'est plus la Révolution. Qu'elle avance sur les pieds ou sur la tête, qu'importe ! il faut qu'elle marche. De la vraie liberté la Révolution n'en veut pas, peu lui importe que les sociétés vivent de cette liberté qui n'est autre que celle de l'Evangile; elle prétend leur imposer un genre de liberté à elle. C'est ce que les complaisants de la Révolution appellent des conquêtes. Ils sont tellement habitués à mentir qu'ils n'ont pas cru dire vrai cette fois. Vol ou conquêtes, le mot a été lâché.

Hâtons-nous d'ajouter, pour l'honneur de la conscience humaine, que tous ceux qui préconisent la Révolution ne savent point à quel terme elle les conduirait. Ainsi s'expliquent les hésitations des plus hardis, les retours, les réactions, sans lesquels la barbarie des temps païens aurait déjà triomphé depuis longtemps. L'instinct de la conservation se révolte contre les doctrines franc-maçonniques et nous verrons bientôt, je l'espère, une contre-révolution s'accomplir aux applaudissements d'une foule enthousiaste et ravie de respirer à son aise.

Si la dénomination de « principes de 89 » n'était pas seulement un de ces masques dont la Révolution excelle à se couvrir, peut-être un certain accord pourrait-il se former entre les divers partis. Mais on donne le nom de principes de 89 à beaucoup de choses que 89 n'a pas inventées et qui se trouvent tout simplement être de vieux principes très français et très chrétiens. Les gros bonnets, ou, pour mieux dire, les esprits forts d'un certain parti réduisent à trois principaux ces grands principes : la souveraineté du peuple, l'émancipation de l'individu, la diminution progressive de l'ignorance, de la misère et du vice par la charité civile ou philanthropie.

Eh quoi! avant 89 il y avait une souveraineté nationale; la France s'appartenait, et certes personne n'eût osé lui donner un chef qui ne fût pas de la race royale, aucune puissance extérieure n'eût osé toucher à l'indépendance ni à la souveraineté nationales.

A partir de 89 il a été convenu que la France prendrait désormais ses chefs où elle voudrait, et, au lieu de chefs régulièrement appelés, elle a vu soudain arriver des maîtres qu'elle n'avait pas demandés. Qui oserait persuader à un honnête homme que, sous les constitutions borgnes de 1815, de 1830 ou de 1848, la France s'est plus appartenu qu'avant 89?

Ce sont là des constitutions en vertu desquelles les partis se sont successivement emparés du pays sans son consentement et l'ont livré à qui s'est trouvé là pour le prendre : que ce fût un poète comme Lamartine; un franc-maçon charbonnier comme le prince Louis-Napoléon, dont tout le mérite fut d'être le neveu de son oncle; un Thiers dont le bagou cachait la nullité en fait de science gouvernementale; un soldat, comme Mac-Mahon, brave militaire, honnête citoyen, et qui, quoique brave, ne sut pas se servir de son épée. Il aima mieux battre en retraite devant les Prussiens du dedans et livrer le champ de bataille au caporal Grévy, berger jurassien que les souverains d'Europe se gardent bien de fréquenter, parce que Coralie ne sait pas leur faire les honneurs.

Dieu! Seigneur du ciel! lavez le pays de toutes ses souillures!

La souveraineté nationale n'est pas plus une invention de 89 que la justice et la charité.

La nation de Charlemagne, de saint Louis et de Henri IV n'avait pas attendu que Danton, Robespierre et Grévy vinssent faire des lois et Fouquier-Tinville offrir des modèles de juges.

Le jour où la justice de 89 fut inventée, ce jour-là notre pays apprit à connaître les juges arbitraires et insolents. Alors André Chénier put s'écrier :

> Liberté qui nous fuis, tu ne fuis point Byzance.
> Tu planes sur ses minarets!

Avant 89, la France était le pays de saint Vincent de Paul; depuis, et malgré la Révolution, elle est restée par excellence le pays des œuvres de charité dont l'influence se fait sentir jusqu'aux extrémités du monde. Elle avait, non seulement la charité religieuse, mais la charité civile ; et ces deux charités s'entendaient toujours pour combattre le vice, pour vaincre la misère, pour dissiper l'ignorance. L'instruction gratuite régnait partout, et c'était l'œuvre civile de la religion qui avait multiplié des établissements, peut-être, hélas ! irréprochables. Les législateurs qui proscrivirent les communautés hospitalières, qui dispersèrent les sociétés pour préserver leurs mercenaires de la concurrence du dévouement gratuit, ces législateurs-là ont fondé la charité civile qui n'existait pas.

On pouvait, sans spoliation, corriger les abus de la charité, et pourvoir aux besoins qui n'étaient pas encore satisfaits. On aima mieux la supprimer, afin de la remplacer par une charité purement civile, qui convient mieux aux plans de la Révolution. Compte qui pourra les millions que la charité avait dépensés, les douleurs qu'elle avait soulagées, les existences qu'elle avait sauvées. La charité de moins, les commandements de Dieu supprimés, il y aura quelques centaines de mille d'affamés de plus, de désespérés qui embarrasseront la police et grossiront les rangs des mauvais sujets.

Les vrais principes de 89, mes bons amis, sont aussi vieux que la France. Il n'y a de nouveau que les conséquences que les révolutionnaires en tirent, que les applications qu'ils en veulent faire ; comme aussi c'est là ce que la France rejette dès que la Révolution lui laisse sa liberté et son bon sens. Certains exaltés regardent comme nul tout ce que la France pourrait faire contre la Révolution. Ils prétendent tenir de Dieu, par la Révolution, le droit de renverser tous les trônes, de soulever tous les peuples, de condamner tous les souverains comme ennemis du genre humain, d'abolir toutes les institutions anciennes, de les arracher du cœur des peuples, dussent-ils y employer le fer et le feu.

Le christianisme, au contraire, ne détruit rien, parce qu'il sent en lui assez de force pour tout régénérer, tout améliorer ; il se prête aux institutions les plus diverses avec une flexibilité qui a fait l'admiration de tous les hommes de bonne foi. Rien en lui qui ressemble aux religions pétrifiées de l'Orient. Pourquoi y a-t-il une date dans notre histoire où cet esprit de conciliation aurait fait défaut ? Demandez-le aux libres-penseurs, aux faméliques dont la voracité n'est jamais assouvie, ni d'honneurs ni d'argent.

X

Le vol des biens et la constitution civile du clergé ouvrent l'ère du brigandage républicain.

Tandis que, sur la fin du XVIIIe siècle, l'impiété et la débauche avaient, en France, leur apostolat, les parlements ébranlaient partout la discipline de l'Eglise. Chaque jour voyait de nouveaux attentats de la puissance civile contre l'autorité ecclésiastique. Si quelques arrêts des parlements étaient cassés pour arrêter les plaintes des évêques, les évêques, à leur tour, étaient exilés pour calmer les murmures des parlements. C'était là le prélude des catastrophes. En attendant que les têtes tombent, elles tournent; en attendant qu'elles mettent à sac la société civile, on se rue à l'assaut de l'Eglise.

La convocation des Etats généraux excita un grand mouvement d'idées subversives et de passions révolutionnaires. Cet événement fournit aux têtes chaudes et aux intrigants l'occasion de se pousser dans une assemblée dont leur peu de mérite les eût fait exclure. Les Etats, à peine réunis, méconnurent l'objet, dépassèrent les limites et violèrent toutes les conditions de leur mandat. Dans une heure de fiévreux enthousiasme, ils se lièrent par un serment solennel; l'exaltation délirante qui avait présidé à l'élection de l'Assemblée se perpétua dans ses séances. Les fous étaient en majorité; pour les uns, c'était la folie janséniemne; pour les autres, la folie philosophique; pour presque tous, la folie de se croire appelés à refaire la France et l'Eglise d'après les idées de secte ou les utopies du matérialisme. Mais les folies ne mènent pas loin; et ce qui sortit de là, les enfants le savent, bien que les hommes l'ignorent. Il en sortit la déclaration des droits de l'homme, l'arrêt du travail et du commerce, la famine et la banqueroute, la guillotine et la guerre civile, surtout d'odieux attentats contre la religion.

Le 20 août 1789, l'Assemblée nommait un comité ecclésiastique. Il eût été naturel de le composer d'évêques, gens experts en théologie et compétents en matières canoniques. Il eût été naturel encore de renfermer ce comité dans l'observation du concordat de

Léon X, et de se borner à l'expédition du contentieux. Il n'en fut rien. Le comité se donna pour mission de réformer l'Eglise, et, au lieu d'être composé d'ecclésiastiques, il compta, sur quinze membres, dix laïques, et encore des ennemis notoires de l'Eglise romaine. Cependant, les membres honnêtes, voyant qu'il ne s'agissait plus de chercher loyalement la réparation des abus, mais de tramer la ruine de la religion, se retirèrent. Les affaires de l'Eglise de France se trouvèrent confiées à des sectaires fanatiques, examinées d'après les plus détestables principes du gallicanisme, résolues sous la pression des clubs et de la populace.

La première affaire où l'on vit percer l'esprit de l'Assemblée, ce fut l'affaire des dîmes. — Dans l'ancienne loi, la dîme était d'institution divine ; sous la loi nouvelle, promulguée à une époque où les biens étaient régis par le droit de propriété, le service des temples, l'entretien des prêtres, au lieu d'être prélevés comme un tribut, furent reçus comme une offrande volontaire. Aux invasions des barbares, les envahisseurs occupèrent les terres civiles et respectèrent les propriétés ecclésiastiques. Cependant, après le partage des terres, les évêques et les moines, soit par dons reçus, soit par travaux personnels, continuèrent à augmenter les domaines de l'Eglise. A partir de Charlemagne, les évêques devinrent seigneurs féodaux, et le clergé forma le premier ordre de l'Etat jusqu'en 89. Malgré d'inévitables transformations, l'ordre sacerdotal tint en France le rang le plus élevé dans la société. Or, le clergé, voué au service des autels, ne pouvait vaquer à l'exploitation de ses terres, et il devait recevoir des fidèles de quoi subvenir à son entretien. De là les dîmes. Il y en avait de deux sortes : dîmes payées en stricte justice, pour le loyer des terres ; dîmes réglées par la coutume et constituant le traitement fixe et le casuel du clergé. En un mot, les dîmes représentaient les redevances de fermage et l'impôt consacré au service du culte.

Dans la nuit du 4 août 1789, l'Assemblée poussa l'enthousiasme jusqu'au délire. En un clin d'œil, en une seule nuit, nuit de lumière et de ténèbres, nuit de sagesse et de folie, l'Assemblée crut avoir inauguré pour la France une ère de liberté. Jusqu'à deux heures du matin, les députés se succédèrent à la tribune pour dénoncer toutes les œuvres des siècles et toutes les institutions du pays. On en fit table rase, on supprima des abus supprimés depuis longtemps, et au risque de légiférer dans le vide on poussa aux dernières conséquences le principes de l'égalité. Quand, le lendemain, l'ivresse fut passée, il fallut faire un triage des articles. Sur la question des dîmes l'équité voulait ou qu'on les achetât ou qu'on les convertît en argent. Mais l'équité n'était pas de mise quand il s'agissait du clergé. La suppression pure et simple était un brigandage si manifeste qu'il n'y avait pas moyen de l'innocenter ; mais ce qui ne pouvait être emporté par la raison le fut par la violence et par de lâches compromis. La tribune même ne fut plus abordable pour les défenseurs du clergé. Tel membre de l'assemblée acquit par son vote trente mille livres de rente et l'on fit croire au peuple, qui le croit encore, qu'on venait de le délivrer de certaines charges qu'on ne lui a fait payer depuis que plus lourdement. Un membre que son intelligence préservait de toute complicité avec les membres de l'Assemblée ne put s'empêcher de dire après le vote : « Ils veulent être libres, et ils ne savent pas être justes ! »

Mais cette violation flagrante de la justice devait porter atteinte à autre chose encore qu'à la liberté. Mirabeau soutint que les propriétaires ne sont que les agents, les économes du corps social, ce qui était poser la doctrine d'où sortira le socialisme. L'absurde esprit de l'assemblée ne devait décréter que des lois qui aggraveraient les maux publics. Les biens de l'Eglise avaient toujours été respectés, d'autant qu'ils reposaient sur des titres authentiques qui en consacrent partout la légitime propriété. En présence du déficit révélé par l'illustre Necker, le clergé avait spontanément offert un emprunt de 400.000 francs hypothéqué sur ses biens. Il semble que cette concession généreuse eût dû être acceptée avec un reconnaissant enthousiasme ; mais le compromis entre le tiers et la noblesse de dépouiller l'Eglise n'y trouvait pas son compte et il fut résolu qu'on pousserait ferme au vol des biens de l'Eglise. — La motion vint d'un homme qui après avoir trahi Dieu devait montrer jusqu'où peut aller la lâcheté des trahisons et le cynisme des apostasies. Talleyrand, par une initiative que son caractère rendait plus révoltante, vint dire que le clergé n'était pas un propriétaire à l'instar des autres propriétaires; que la nation avait le droit de détruire les ordres religieux, si elle les jugeait nuisibles ou simplement inutiles. Deux jours après, Mirabeau, digne acolyte de Talleyrand, proposa de spolier le clergé sous la condition d'une juste indemnité. Il est plus aisé de commettre un crime que de le justifier. Les adversaires du clergé ne manquaient pas, mais les raisons manquaient à leurs passions, et si le vol a son agrément, lorsqu'on est obligé de dire pourquoi on le commet une certaine pudeur empêche de parler. Mirabeau ouvrit le feu. Dans sa charge à fond il dit tout ce qu'on peut dire contre le droit de propriété. D'après lui la propriété ne repose que sur le droit social. C'est le droit que tous ont donné à chacun de posséder exclusivement une chose à laquelle dans l'état naturel tous avaient un droit égal. La loi seule constitue la propriété, parce qu'il n'y a que la volonté publique qui puisse opérer la renonciation de tous et donner un titre comme un garant à la jouissance d'un seul. Et l'Assemblée peut d'un trait de plume s'emparer du bien d'autrui. Pour se soustraire à cette conséquence anarchique, Mirabeau fit cette distinction : La loi n'a pu accorder au clergé la jouissance d'une partie du fonds commun qu'à la charge implicite de retour si la nation le juge à propos, tandis que les autres parties de ce fonds distribuées aux autres citoyens jouissent de la perpétuité. Il est superflu d'observer que cette distinction est contraire à tous les faits historiques, à tous les titres de donation, et qu'elle repose uniquement sur cet axiome de la cupidité et de la mauvaise foi : « La propriété est sacrée pour tout le monde, excepté pour le prêtre. »

La propriété, disait Treilhard, est le droit d'user et d'abuser ; or le clergé ne peut abuser, donc il n'est pas propriétaire. Raisonnement de nigaud qui n'eut pas de réponse. Il n'est pas nécessaire d'abuser pour avoir le droit d'user ; le propriétaire, quel qu'il soit, peut abuser sans que cet abus nuise à son droit. Péthion, lui, crut avoir découvert la véritable raison en s'écriant : « Ce sont les propriétés du clergé qui ont toujours causé la corruption des gens d'Eglise. Donc il faut ôter au clergé son bien pour le rendre à la sainteté de son état. » En droit, s'il fallait ôter la propriété à tous ceux qui en abusent, on ne saurait où s'arrêter. Les riches ne sont pas toujours des modèles de vertu ; mais leurs fautes ou leurs excès ne font pas brèche à l'autorité, au principe de leur droit.

L'abbé Maury et quelques évêques eurent facilement raison de pareilles argumentations ; si la cause du bon sens et du droit avait dû triompher, l'iniquité était vaincue. Leurs discours restent comme la meilleure défense qui se puisse faire de la propriété, et si ce principe fondamental était de nouveau attaqué, il n'aurait pas de plus solides appuis que les orateurs du clergé à l'Assemblée constituante.

Le vote de la spoliation du clergé était une application de la maxime gallicane qui sépare de l'ordre spirituel l'ordre temporel, et laisse au législateur civil le soin de tout régler. Les laïques de l'Assemblée ne virent pas qu'ils ouvraient la porte aux confiscations de tous genres qui ont laissé de si tristes souvenirs dans notre histoire; le secret de la mesure spoliatrice était réservé aux meneurs, et avec le secret ils s'en réservaient le bénéfice. De là sont sorties les confiscations successives des biens d'émigrés, de déportés, de condamnés à mort; de là sortira le principe organique du communisme. Si la propriété laïque est un jour supprimée, elle devra sa suppression au vol des biens ecclésiastiques.

L'Assemblée nationale n'avait pas encore exercé le pouvoir douze mois et déjà elle pouvait s'enorgueillir de ce qu'elle avait osé pour se montrer digne héritière de la philosophie du siècle. Elle avait enlevé au clergé ses biens temporels, et par là elle l'avait deshérité du droit d'exercer la charité; elle l'avait déchu à perpétuité du droit de former un ordre dans l'Etat et lui avait enlevé toute administration spéciale. Aux bienfaits rendus par les ordres monastiques, l'Assemblée avait substitué une bienfaisance officielle, une philanthropie sans entrailles.

Les membres de l'Assemblée méconnaissaient l'importance de la religion pour la société. Plusieurs, dans la persuasion fausse que l'Evangile est incompatible avec la liberté et que le christianisme repousse la démocratie, allaient jusqu'à dire qu'on devrait changer de religion ou en créer une toute nouvelle. Mirabeau avait dit : « Il faut décatholiciser la France. » Les législateurs croyaient avoir reçu pour mission, en vertu de la souveraineté du peuple, le droit de tout réformer. Leur système consiste à faire reposer dans le peuple le pouvoir spirituel comme le pouvoir temporel. Les évêques, le Pape même, ne sont que les délégués du peuple; ses représentants politiques ont le pouvoir de régler sa foi, sa morale, sa discipline, et de là les imposer, suivant Rousseau, sous peine de mort. Ils avaient bonne grâce, ces philosophes, de déclamer contre l'intolérance du moyen âge! Au moins, quand les lois punissaient de mort, elles punissaient pour la violation d'une religion qu'on croyait divine; ici, on punit de mort pour une religion civile à laquelle on ne croit pas. Eh bien, ces principes, quelque absurdes qu'ils soient, seront mis en pratique dans une loi connue sous le nom de « constitution civile du clergé. »

Cette constitution civile du clergé complète parfaitement la tradition gallicane; mais, d'un coup, elle pousse au schisme. Et d'abord le mot lui-même ne dit-il pas assez ? Constitution civile du clergé veut dire constitution d'un clergé civil, d'un clergé politique, national, mais non d'un clergé catholique. S'il s'agissait simplement de donner aux prêtres, comme citoyens français, des règlements, on pourrait en contester la convenance et soutenir que, sous un régime de liberté, il ne peut y avoir d'autre constitution générale que le code civil. Mais on déclare que tous les cultes sont libres, et le premier acte est de porter sur le culte catholique une main dominatrice.

De cette manière, le Pape, les évêques, le clergé en général n'exerce plus l'autorité spirituelle; et cependant ce n'est pas à Hérode, à Pilate et à Néron qu'il a été dit de paître le troupeau. Qu'un souverain, roi ou empereur, crée des provinces, des subdivisions dans ses Etats, c'est son affaire; mais sa puissance tombe à la porte des âmes. Tout ce qu'il tente dans cette sphère est en dehors de sa portée; il agit dans le vide, il produit le néant.

Dans l'Eglise, le pouvoir ne vient pas d'en bas; il vient d'en haut. Au civil, tout ce qui se fait suivant les lois traditionnelles et la volonté certaine de la nation est parfaitement légitime. Dans l'Eglise le pouvoir vient de Dieu et n'est pas conféré par le peuple. L'élection peut faire un préfet, un juge, un soldat, voire même un empereur; elle ne peut pas créer un simple curé ni lui donner l'investiture. Il y a, du reste, dans ces innovations de la Constituante, quelque chose de ridicule qui porte à rire. Ainsi, pour l'élection des curés, on s'adresse à des électeurs juifs, calvinistes, jansénistes, incrédules, avec lesquels pouvaient se rencontrer quelques catholiques mal instruits de leurs devoirs.

Il ne manque pas de gens qui, comme Thiers, estiment que cette constitution, œuvre des Jansénistes les plus pieux, n'avait rien de répréhensible. On n'avait touché, selon eux, ni aux doctrines de l'Eglise ni à sa hiérarchie. La constitution civile du clergé ne faisait donc aucun tort à la religion. Ceux qui feignent de croire à la prétendue innocence de cette constitution ne voient que l'extérieur de la religion et ignorent ses fondements. A les entendre, les Jansénistes, au lieu de saper la religion à sa base, l'auraient honorée, affermie. C'est là, il faut en convenir, une étrange aberration. Comment! des hérétiques, des schismatiques auraient rendu un pareil service! Ces naïfs s'imaginent qu'on ne porte aucune atteinte à la religion tant qu'on respecte, au moins en apparence, ses dogmes et sa morale. Mais sa hiérarchie, sa juridiction et sa discipline font partie de ses dogmes et même la partie la plus essentielle. Et l'autorité séculière est toujours incompétente quand il s'agit de faire des changements à l'état de l'Eglise.

Malgré les magnifiques et courageuses défenses portées par l'épiscopat, la France était décatholicisée suivant le vœu de Mirabeau; elle avait une religion sécularisée, une église civile, une religion qui n'avait plus de caractère divin et qui, par là même, était sans force sur les âmes. On ne peut comprendre la folie de cette Assemblée. Au moment où les liens sociaux se relâchent de toutes parts, quand la division s'accuse partout, elle vient jeter au sein de la France agitée un nouveau brandon de discorde. Car pouvait-elle s'imaginer que sa religion parlementaire serait acceptée sans réclamation? Si elle le croyait, elle était profondément ignorante des sentiments religieux de la France; si elle ne le croyait pas, elle était plus coupable encore puisqu'elle allait fournir un nouvel aliment à la guerre civile. L'Assemblée, emportée par la rancune janséniste, par l'impiété philosophique et la fureur révolutionnaire, se fit un clergé à son image; le clergé fidèle dut prendre le chemin de l'exil ou se cacher pour se soustraire aux coups et continuer, au péril de sa vie, le ministère des âmes. Un orage de sang fondit sur la France et forma un torrent de boue qui dévasta tout. Telle fut la conséquence de cette fameuse constitution civile du clergé, et c'était là son aboutissant logique. Par une pente insensible, le gallicanisme était allé là où il ira toujours, de la révolte à l'hérésie, de l'hérésie au schisme, du schisme aux plus tristes abaissements, aux plus grands malheurs de la nation.

Tout était donc ici brigandage et intrusion absurde. Ainsi fut consommé un schisme déplorable et infamant qui faisait déchoir la France de son glorieux titre de fille aînée de l'Eglise.

XI

De la souveraineté du peuple.

Le principe de la souveraineté du peuple, longtemps enseveli dans les chartes de la monarchie française, a pris un certain éclat depuis la fin du siècle dernier. C'est dans le *Contrat social* de Rousseau que les démagogues sont allés puiser ce dogme fondamental de la science révolutionnaire. Combien eût frémi le philosophe de Genève à la seule pensée des épouvantables conséquences de son système politique, lui qui dit quelque part qu' « une révolution serait trop achetée si elle coûtait une seule goutte de sang ! » Ce principe a été si mal compris, et surtout si mal interprété, que nous croyons devoir donner ici quelques éclaircissements.

Il faut distinguer le souverain d'avec le gouvernement, suivant Rousseau. Le souverain c'est la volonté générale, c'est-à-dire le peuple de qui émane essentiellement le pouvoir. Le gouvernement n'est que le ministre et le délégué du souverain. Le peuple se réserve la puissance législative ; mais il ne peut exercer par lui-même la puissance exécutive parce que cette puissance ne consiste qu'en des actes particuliers. Conséquemment, le peuple établit, par une loi révocable à sa volonté, un ou plusieurs magistrats auxquels il confie l'exécution des lois et le maintien de la liberté politique. Tout gouvernement légitime est républicain, en ce sens qu'il est toujours guidé par la volonté générale ; la royauté n'est qu'un emploi, qu'une commission que le souverain ou le peuple peut limiter, modifier ou reprendre quand il lui plaît.

Cette analyse succincte suffit pour montrer que ce système politique repose sur le principe de la souveraineté du peuple aussi bien que le système de la Révolution française.

Les défenseurs de la souveraineté du peuple prétendent que le mot *souverain* n'a pas encore été bien défini, et cependant ils se gardent bien d'en donner eux-mêmes la définition. Une multitude qui n'a point de chef n'est pas mauvaise, tous les hommes y sont égaux et indépendants ; lorsqu'elle se constitue un chef, elle se donne un souverain et lui confie un pouvoir qu'elle n'avait pas, ou plutôt elle crée pour lui un pouvoir qui n'existait pas encore. Si ce chef n'était que le mandataire du peuple, il ne serait pas souverain. La souveraineté et le mandat emportent une contradiction.

Que faut-il entendre par le peuple? Est-ce une multitude vivant sans chef, sans lois, sans conventions? En ce sens, le peuple est indépendant, mais il n'est pas souverain, car la souveraineté n'existe et ne se conçoit que du moment qu'il existe un Etat et un gouvernement. Imaginer une souveraineté qui ait déjà une espèce de gouvernement, c'est mettre un gouvernement avant tout gouvernement; loin que le peuple en cet Etat soit souverain, il n'y a pas même de peuple. S'il lui plaît d'appeler souveraineté cette liberté indocile qu'on fait céder à la loi, on le peut; mais c'est tout confondre. C'est confondre l'indépendance de chaque homme dans l'anarchie avec la souveraineté. Où tout est indépendant, il n'y a rien de souverain; on ne domine que sur celui qui est dépendant.

Le mot *peuple* est-il employé pour désigner une nation civilisée sous des chefs et avec un gouvernement reconnu? Dans cette acception politique il comprend la nation tout entière et non pas seulement cette partie de la nation à laquelle nous donnons improprement le nom de peuple. Chez les peuples anciens, à Rome par exemple, le peuple n'était pas le peuple romain; en France, le Tiers-Etat n'était pas la nation française.

Mais dans le langage révolutionnaire, la multitude, le peuple, la nation sont la même chose; c'est à la faveur d'un abus de mots que l'on a transporté à une partie la dénomination et les droits du tout, et que s'est opérée en France la dissolution de la société. Un peuple n'est un peuple qu'autant qu'il a une constitution politique, et si cette constitution reconnaît un souverain et des ordres distincts, le souverain et ces ordres avec leurs prérogatives sont, dans la nation, des parties essentielles et principales.

Si l'on suppose qu'une nation tout entière, dans une assemblée légitime où tous les ordres conservent leur rang et leur influence, s'accordent, de concert avec le souverain, à réformer son gouvernement, cette nation use d'un droit qu'on ne peut contester. Mais, à proprement parler, ce droit n'est pas la souveraineté, car l'idée de souveraineté emporte l'idée de sujétion, et le même peuple ne peut être, sous le même rapport, sujet et souverain. Un peuple ne peut être dit souverain que relativement à un autre peuple auquel il donnerait la loi.

Dans quel sens les révolutionnaires ont-ils prétendu que la souveraineté réside dans le peuple ? C'est d'abord parce que, dans l'institution des gouvernements, toute l'autorité émane de la multitude. En second lieu, parce que, même après l'institution d'un gouvernement, la multitude conserve toujours le droit de l'abolir et d'en créer un nouveau. Le peuple ou le grand nombre est donc souverain, en ce sens que l'autorité vient de lui, et que dans son exercice elle est toujours soumise à sa volonté.

La souveraineté peut appartenir au peuple, ou parce qu'elle est un droit naturel, ou parce qu'elle est de l'essence du contrat social. — Elle n'est point un droit naturel, parce que, dans ce sens, elle serait inhérente à la qualité d'homme. Les hommes naissent libres et égaux, et par conséquent indépendants, mais non pas souverains.

L'homme, dans la société, perd sa liberté naturelle et son indépendance pour ne conserver que sa liberté et son égalité civiles. La liberté et l'égalité politiques naissent du pacte social et n'appartiennent qu'à l'homme qui vit en société. Ce ne sont donc pas des droits naturels, imprescriptibles, inaliénables. S'il en était ainsi, ils appartiendraient à tous les hommes en général, même aux étrangers, même aux femmes, même aux enfants en âge de raison, ce qui serait absurde. Cependant, il n'y a point de milieu : ou la nature a attribué la souveraineté à tous les hommes, ou elle ne l'a attribuée à aucun, et alors cette prétendue souveraineté ne peut résulter que du pacte social.

Si l'on remonte à l'origine du genre humain, on trouve, non un peuple, ni une nation, mais une troupe confuse d'hommes indépendants qui aspire à sortir de l'anarchie. Chacun jouit encore de toute son indépendance naturelle et concourt par son suffrage à l'institution d'un gouvernement. On peut dire dans ce sens que la souveraineté vient de la multitude, parce que c'est dans le consentement de la multitude que se trouve le principe de la souveraineté.

Mais la souveraineté n'a réellement existé qu'au moment où le prince en a été réellement investi. Le peuple a donc créé la souveraineté; il ne la possédait pas lorsqu'elle n'existait pas encore. Il ne la possède pas davantage après l'avoir créée, puisqu'il l'a conférée à une ou plusieurs personnes. Le peuple n'était pas souverain, il n'était qu'indépendant, et, par le pacte qu'il a conclu, il a cessé d'être indépendant, il s'est constitué sujet.

Le gouvernement une fois établi, le peuple conserve t-il nécessairement le pouvoir de juger le prince, de le destituer et de changer la forme du gouvernement?

Si un gouvernement est limité par une constitution qui énonce clairement le cas où le prince encourrait la peine de déchéance, il n'y a qu'à respecter la teneur de ce contrat; mais quand même l'acte constitutionnel renfermerait la clause expresse de la destitution du prince, il ne s'ensuivrait pas que le peuple, dans le sens que l'entendent les révolutionnaires, fût en droit de s'investir de l'autorité souveraine et de changer la forme du gouvernement. En général, ce n'est pas au peuple, c'est à des corps institués dès l'origine d'exercer ce droit toujours dangereux.

Suivant les révolutionnaires, la multitude suit constamment la droite raison, jamais elle ne se trompe sur ses véritables intérêts; elle juge également bien et les choses et les personnes, s'il est question de la souveraineté. S'agit-il du gouvernement? la multitude est le jouet de l'erreur et des passions, elle ne se meut que par sédition, elle n'est faite que pour obéir. Mais si le peuple a toutes les qualités que demande l'exercice de la souveraineté, pourquoi n'aurait-il pas celles qu'exigent les fonctions d'un gouvernement? Et s'il est essentiellement incapable de gouverner, pourquoi et à quel titre est-il souverain?

Si le droit de la souveraineté résidait dans le peuple, ce serait dans la masse, dans la multitude qu'il faudrait le placer; car tous les citoyens, étant naturellement égaux, ont le droit de concourir, directement ou par représentation, à la formation des lois. Dès lors, il suffirait de compter les suffrages. La naissance, le rang, l'éducation, les lumières seraient autant de titres inutiles. La souveraineté du peuple est donc la souveraineté du grand nombre, c'est la force physique qui succède à la force morale, c'est la violence qui remplace le droit.

De là, une succession interminable de troubles et de révolutions. Dans toutes les sociétés il existe une guerre sourde des pauvres contre les riches; et lorsqu'une révolution a bouleversé toutes les fortunes et déplacé les bornes de toutes les propriétés, le nombre des pauvres demeure toujours le plus grand, et le parti des mécontents, grossi de toutes les victimes de l'injustice, l'emporte encore sur celui qui désire la conservation du nouvel ordre de choses. Au milieu de ce combat incessant de toutes les passions, de tous les intérêts, les délibérations de la foule ne formeront jamais des lois proprement dites, auxquelles tous les individus soient obligés de se soumettre. Dans le temps d'anarchie qui précède l'institution d'un gouvernement, chacun a repris son indépendance, nul ne peut être lié par l'opinion ou par la volonté des autres.

Un peuple législateur ! Quelle étrange association d'idées ! D'un côté la fougue, l'ignorance, quand il faudrait le calme, la lumière, la sagesse, l'impassibilité. Il n'y a jamais eu de législation vraiment sage qui ait été l'œuvre, je ne dis pas de la multitude, mais d'une assemblée nombreuse. Le peuple, pris en masse, n'a de moralité qu'autant qu'il est contenu par les lois. Ce frein, nécessaire pour toutes les classes de la société, l'est encore plus pour celles que l'indigence et la jalousie soulèvent contre l'ordre public. Des passions grossières, sans cesse éveillées par le besoin, ne peuvent être réprimées que par la crainte. Si le peuple n'obéit pas, il commande, et son règne est le renversement de toute justice naturelle et sociale.

D'où il faudrait conclure que la souveraineté ne réside pas dans le peuple, puisque le peuple a toujours besoin d'être gouverné ; le pouvoir législatif ne lui appartient pas, puisque la législation a pour objet de le contenir. La force publique ne doit pas lui être confiée, parce qu'alors il n'y aurait aucune force qui pût le réprimer.

Sous un gouvernement et une force populaires, il n'existe ni puissance, ni force publiques. Quand, par un soulèvement universel, une nation brise tous les ressorts de son gouvernement, elle ne recouvre pas la souveraineté, elle l'anéantit ; et s'il reste quelqu'ombre de gouvernement, c'est parce que le plus fort contraint le plus faible. Encore, même, ce n'est pas dans le peuple que réside cet empire de la force : il n'en est que l'instrument, et il est vrai de dire que le peuple n'est jamais plus esclave que lorsqu'il se croit souverain. C'est ce qui est arrivé en France le jour où le peuple s'est vanté d'avoir conquis la liberté ; à l'instant même le peuple français s'est vu asservi par les clubs, par Robespierre, par la Convention, par le Directoire.

Tel est le caractère de la multitude : ou elle sert avec bassesse, où elle domine avec insolence. Bientôt elle se donne des tribuns qui s'érigent en dictateurs; en changeant de ministres, elle ne fait que changer de tyran; elle est livrée sans défiance à une troupe de factieux et de brouillons qui, connaissant l'inconstance du maître qu'ils servent, se hâtent de mettre à profit la courte durée de sa faveur. Les flatteries des peuples son bien autrement dangereuses que celles des rois, parce que, de tous les souverains, le plus méchant et le plus puissant tout à la fois, c'est le peuple. La tyrannie du peuple ne connaît pas de frein. Détestons les flatteurs des rois, mais abhorrons les flatteurs des peuples, et n'oublions jamais que le véritable ami du peuple et du souverain est celui qui tient pour maxime : de tout faire pour le peuple et jamais rien par lui.

XII

De la liberté.

La liberté, dans l'acception la plus étendue, est le droit et le devoir de faire ce qu'on veut. Il est mieux de définir la liberté : Le droit pour chacun d'user de toutes ses facultés, de faire tout ce qu'il juge bon et convenable pour lui sans nuire à autrui. Bossuet a dit que la liberté règne dans un Etat, lorsque personne n'est sujet que de la loi, et que la loi est plus puissante que les hommes.

Il n'est point de sentiment plus profondément gravé dans le cœur de l'homme que l'amour de la liberté ; mais, comme tous les autres sentiments naturels, l'amour de la liberté demande à être éclairé et contenu. Jusqu'où s'étend la liberté que la nature accorde à tous les hommes? Jusqu'à quel point cette liberté naturelle peut-elle être modifiée par les institutions sociales ? La réponse à ces deux questions détermine le véritable sens du mot de *liberté* qui est un de ces termes équivoques que les chefs de faction jettent au milieu du peuple pour servir de cri de guerre et de signal à la sédition.

L'homme a-t-il le droit et le pouvoir de faire tout ce qu'il veut? Evidemment non, son droit est borné par la nature aussi bien que son pouvoir. Des êtres sujets à l'erreur et entraînés par des passions ne peuvent prétendre à une liberté sans limites; si tous avaient le droit de faire tout ce qu'ils voudraient, nul n'en aurait le pouvoir. Les volontés contraires se heurteraient sans cesse, les droits seraient toujours en opposition, et l'effet infaillible de cette lutte de tous contre tous serait l'anéantissement de tout droit et de toute liberté. La conservation du genre humain, l'intérêt même de chaque individu demande que la liberté soit enfermée dans des bornes prescrites par une loi. La loi est donc la règle et la mesure de la liberté.

Il existe pour tout le genre humain une loi fondée sur la nature de l'homme. Cette loi éternelle, immuable, imprescriptible, établit une différence entre le pouvoir physique et le droit, dirige l'emploi de nos facultés, et fait de l'homme un être moral. La loi naturelle n'est autre chose que la loi de Dieu qui a voulu que le bonheur de l'homme dépendît de l'usage qu'il ferait de sa liberté.

Une seconde loi qui, comme la première, émane immédiatement de Dieu, fait de l'homme un être religieux. Cette loi, quoique fondée sur des dogmes incompréhensibles pour la raison humaine, n'en est pas moins obligatoire : les hommes les plus éclairés, les plus sages, les plus vertueux, se sont toujours fait gloire de se soumettre à cette loi. L'homme s'unissant en société avec ses semblables se lie par des conventions, acquiert des droits et s'impose des devoirs ; il consent à obéir pour être protégé ; il circonscrit les bornes de la liberté que lui laissaient la nature et la religion.

Dans la déclaration des droits de l'homme et du citoyen il est dit (art. IV) que « la liberté consiste à pouvoir faire tout ce qui ne nuit pas à autrui. Ainsi l'exercice naturel des droits de chaque homme n'a de bornes que celles qui assurent aux autres membres de la société la jouissance de ces mêmes droits. Ces bornes ne peuvent être déterminées que par la loi. »

Cette définition de la liberté est vicieuse. Contrairement à ce qu'avaient fait tous les législateurs de l'antiquité, les révolutionnaires de 89 ne placent point à la tête de leur code la reconnaissance d'un Dieu, et déposent ainsi dans leur constitution le germe de l'athéisme.

L'homme n'a jamais été sans loi. Avant de former des sociétés il était soumis à la loi de la nature et de la religion, loi qu'il ne peut transgresser sans se dépraver et se rendre malheureux. Dans l'état de société, les droits et les devoirs des citoyens sont fixés par les lois politiques de son pays ; c'est pour être libres que les hommes sont esclaves des lois. Les lois de la nature et de la religion défendent notre liberté contre nos propres passions; les lois civiles la protègent contre les passions des autres. L'affranchissement de toute loi n'est donc pas la liberté, c'est la licence, et où règne la licence la liberté n'est plus. Sans doute il est fâcheux de vivre sous un gouvernement qui ne laisse à personne la liberté de faire ce qu'il veut, mais il l'est bien davantage de vivre sous celui qui laisse à tous la liberté de tout faire.

Dans l'esprit du bon citoyen l'idée de la liberté se joint toujours à celle de la soumission; mais dans l'esprit du vulgaire ce nom ne réveille jamais que les idées de l'indépendance et de l'impunité. C'est un mot de ralliement pour tous ceux qui portent impatiemment le joug des lois; et dans une nation où les mœurs et les opinions sont également corrompues, toutes les classes de la société, celles mêmes à qui l'ordre public assure des avantages signalés, renferment une foule de mécontents qui se laissent prendre à cette amorce, les uns par ignorance et par séduction ou par niaiserie, les autres par ambition et dans l'espérance qu'ils prendront part au festin qui leur a été promis.

C'était donc un attentat manifeste de la part des législateurs révolutionnaires que de se proclamer « les restaurateurs de la liberté. » Dès lors il était évident que cette liberté dont ils flattaient la multitude n'était que la subversion de l'ordre établi. S'ils n'eussent voulu qu'assurer la liberté légitime et la protéger contre le pouvoir arbitraire, il n'eût pas été nécessaire de faire appel à la populace pour une réforme que le pouvoir lui-même se montrait disposé à accorder. Mais ce n'est ni le salut de la patrie, ni la réforme des abus qu'ils veulent. Le cri de la liberté dans leur bouche est un appel à la révolte, et la révolte un moyen d'établir leur propre domination.

Il est évident que la liberté naturelle ne peut subsister avec l'état de société, puisque les corps politiques n'ont été institués que pour prévenir et réprimer les désordres qu'entraînerait l'abus de la liberté naturelle. Il semble à première vue qu'en passant de l'état de nature dans l'état de société, l'homme perd quelque chose de sa liberté; mais réfléchissez, et, si vous êtes de bonne foi, vous serez obligés de convenir que chaque individu gagne plus à la limitation de la liberté des autres qu'il ne perd pas la diminution de la sienne propre. On peut dire que la liberté naturelle est un droit de commune sur un vaste désert; la liberté civile est la jouissance paisible d'un champ cultivé. Dans toute société constituée il ne peut y avoir d'autre autorité que celle de la loi, le souverain lui-même est soumis à des lois et à certaines formes dans l'exercice de son pouvoir.

Il faut distinguer la liberté personnelle de la liberté civile; un coupable ou un accusé, que l'on emprisonne en observant toutes les formalités juridiques, perd sa liberté personnelle et non sa liberté civile. Puisqu'il ne peut y avoir de difficulté relativement à la liberté naturelle et civile, la question se réduit à savoir si, par un droit naturel à l'homme, tout citoyen sous un gouvernement légitime peut prétendre à la liberté politique. Tout le système de la Révolution porte sur ce principe : qu'il n'est point de milieu entre la condition d'esclave et l'état de citoyen, et que l'on ne peut se dire citoyen si l'on n'a pas, en qualité de membre du souverain, une part active à la législation. C'est en conséquence de ce principe que, suivant le langage de la Révolution, la loi est l'expression de la volonté générale, et que tous les citoyens ont droit de concourir personnellement ou par leurs représentants à sa formation. — Pour sentir l'exagération et la fausseté de cette doctrine, il suffit de considérer toute la différence qui se trouve entre l'esclave qui n'a point de propriété ni de volonté, et le sujet qui, n'obéissant qu'aux lois, conserve la faculté de disposer de ses biens et de ses actions. Il est vrai que la liberté de celui-ci est limitée par une volonté étrangère; mais c'est par une volonté publique, générale, qui ne gêne la liberté du sujet, en quelque point, que pour assurer aux citoyens l'usage paisible de tous leurs droits naturels et civils.

C'est une question, parmi les publicistes, de savoir si le droit d'esclavage est contraire à la nature. Il ne faudrait, ce semble, que distinguer le droit de l'abus qu'en ont toujours fait la cupidité et l'ambition. Il est difficile de ne pas convenir qu'un homme peut, par son propre choix ou en punition d'un crime, devenir la propriété de son semblable. En outre un citoyen peut renoncer en tout ou en partie aux droits que lui donne la liberté civile pour se réduire à l'état de domesticité. Pourquoi donc prétendrait-on qu'il est contraire à la nature de renoncer à la liberté politique en conservant la liberté civile dans toute son intégrité ? Parce qu'on n'est pas législateur il ne faut pas se croire esclave. Si la liberté politique est un droit naturel, inaliénable, imprescriptible, pourquoi les femmes n'en jouissent-elles pas? La nature aurait-elle condamné à l'esclavage et déshérité la moitié de l'espèce humaine? Naguère encore la liberté politique était refusée à tous ceux qui ne payaient pas à l'Etat une contribution équivalente au salaire d'un certain nombre de journées de travail. Pourquoi des législateurs qui se vantaient de rétablir l'égalité naturelle ont-ils aggravé le malheur de l'indigence en la dépouillant d'un droit que la nature, suivant leur système, accorde à tous les hommes?

La liberté ne consiste pas à pouvoir agir par caprice et sans raison. Or ce que la raison prescrirait à l'homme sage et maître de ses passions, la loi qui est la raison écrite le prescrit à tous. Pour le méchant, pour l'insensé, la loi est une chaîne accablante: pour l'homme raisonnable et vertueux c'est un guide qui le soutient. La liberté civile suffit à ses besoins et à ses désirs, parce que la loi ne lui interdit que ce qu'il s'interdirait lui-même. — Si la liberté politique est le vœu de quelques ambitieux qui se croient nés pour commander, la majeure partie du genre humain consent à se laisser gouverner et ne demande que des maîtres justes.

Un peuple doit légèrement sentir le frein; trop abandonné à lui-même, il ressemble à ces enfants gâtés ou à ces femmes fantasques qui, livrées à leurs caprices et sans raisons suffisantes pour se diriger elles-mêmes, vont, viennent, veulent et ne veulent pas, s'aigrissent par leurs propres contradictions, sentent à chaque pas le besoin de lumières, de dépendance, et font de leur tourment celui de tout ce qui les environne. On pourrait encore comparer le peuple à un coursier auquel l'abandon des rênes fait prendre le mors aux dents.

Tous les gouvernements, les républiques mêmes qui portaient jusqu'au fanatisme l'amour de la liberté, concentraient le pouvoir législatif et soumettaient la multitude au petit nombre. Chez les peuples anciens, les gouvernements mêmes qui prenaient le nom de démocratie n'étaient en réalité que des aristocraties oppressives, où la liberté civile du grand nombre était immolée à la liberté politique du petit nombre qui s'appelait le peuple. Dans les monarchies modernes, sous l'influence salutaire du christianisme, la liberté de l'homme est plus respectée; on ne fait plus l'odieuse distinction de citoyens et d'esclaves; tous y jouissent de la liberté civile, et si la liberté politique en est exclue, ce désavantage apparent tourne au profit du bonheur public et de la véritable liberté.

A parler franchement, ce qu'on nomme peuple, c'est-à-dire la masse des nations, partout condamnée au travail et à l'ignorance, est foncièrement incapable de prendre part à l'administration politique. Les démagogues ne l'ignorent pas, ils n'appellent la populace au gouvernement que parce qu'ils se tiennent assurés de la gouverner. C'est un enfant qu'ils placent sur le trône dans l'espoir de s'en faire nommer les tuteurs ; ils ne proposent la démocratie que pour se créer une aristocratie exclusive. Partout et sous toutes les formes de gouvernement on a dû, il est vrai de le dire, sacrifier quelque chose à la liberté politique pour obtenir la liberté civile qui intéresse tous les hommes dans tous les instants de la vie.

Concluons en reconnaissant que la vraie liberté consiste dans la soumission aux lois, que les souverains en sont les gardiens et les défenseurs, et qu'elle disparaît du moment que des déclamateurs charlatanesques font croire au peuple qu'il est au-dessus des lois et du souverain. Le désir effréné de la liberté conduit toujours à la servitude.

Le mot *liberté* a dans tous les temps servi de mot de passe aux oppresseurs des peuples. Partout la magie de ce nom mystérieux a réussi à couvrir le bruit des chaînes que les ambitieux préparaient aux nations. Il peut être invoqué tour à tour par l'homme vertueux et par le scélérat. Quand les airs retentissent des chants de liberté, pourquoi ne feraient-ils pas tressaillir le brigand qui maudit la loi, le fainéant qui veut se revêtir de la dépouille des autres, l'homme flétri qui expie son crime au fond d'un cachot, et le cœur généreux qui brûle d'amour pour sa patrie ? On serait tenté de la haïr quand on songe que les bourreaux étouffaient les gémissements de leurs victimes en criant : Liberté ! Les Catilina se préparent à bouleverser le pays au nom de la liberté. Pour anéantir de tels projets il n'y a qu'à montrer ce qu'ils sont : un homme perdu de mœurs, des femmes dissolues, des enfants de famille chassés du foyer paternel, des repris de justice, des faussaires, des libertins ruinés, des médiocrités ambitieuses, des esprits sans foi ni loi, des cœurs avides de la richesse d'autrui. Est-ce de là que veut venir la liberté ? Il n'en vient que le déshonneur et la honte.

XIII

De l'égalité.

Les fondateurs de la République de 92 avaient compris qu'il y avait une espèce d'incompatibilité entre la République et les privilèges. Dans leur devise ils avaient placé comme garantie l'égalité à côté de la liberté. Pour compléter la trilogie qui devait correspondre aux trois couleurs, ils y avaient ajouté la mort. Les révolutionnaires de 48, moins féroces que leurs devanciers, ont substitué la fraternité à la mort. La fraternité, dans une loi politique, c'est un non-sens ; mais il a du moins l'avantage d'exprimer des intentions louables ; c'est l'innocente contrefaçon d'une vertu chrétienne, une singerie philosophique, comme la philanthropie et tant d'autres.

L'égalité étant une espèce de vertu républicaine, voyons un peu comment nos politiques s'y sont pris pour l'établir.

Le premier travail de la grande Révolution au XIXe siècle a eu pour objet de paralyser le pouvoir de la naissance. On a désigné sous le nom de *privilège* tout ce que l'homme entrant dans le monde trouvait de fait pour lui : un nom, une classe, de la fortune. Le nom étant nécessaire, on se contenta de lui ôter ce qu'il avait de catégorique. La noblesse, comme classe, comme corps constitué dans l'Etat, jouissait de plusieurs prérogatives pour les honneurs et pour les emplois. Les révolutionnaires, secondés par la bourgeoisie autant que par le peuple, n'ont pas eu de peine à passer sur la société un niveau qui descendait jusqu'à eux, ayant soin toujours de ne donner le nom de privilège qu'aux avantages dont ils ne jouissaient pas.

En réalité ce n'est pas l'égalité que recherchent les révolutionnaires, c'est leur propre élévation. Il y a deux moyens de parvenir au sommet de l'échelle : y monter par ses propres efforts ou la couper à sa hauteur. C'est ce dernier moyen qu'ils ont pris ; mais, arrivés au pouvoir, ils se sont arrogé des privilèges d'un genre tout nouveau : celui de ruiner leur pays.

Quand les véritables partisans de l'égalité leur ont fait un reproche de leur repos au sein de la victoire, ils ont répondu par un de ces mots absurdes à l'usage de toutes les fourberies républicaines : qu'ils se contentaient de l'égalité devant la loi.

Nouvelle preuve de la faiblesse de l'esprit humain ! N'avons-nous pas entendu des milliers d'avocats vanter l'égalité devant la loi comme une conquête de notre Révolution ? comme si l'égalité devant la loi n'avait pas existé dans tous les temps ! De son côté la bourgeoisie s'en mêlant avait en perspective les privilèges de la noblesse; pour elle la Révolution devait se borner à venger son amour-propre blessé. Que veulent donc dire les prôneurs de l'égalité devant la loi ? Serait-ce que tous doivent paraître devant le même juge ? c'est un mensonge. Il y a des juges pour le soldat, il y en a pour le négociant ; et si l'on suivait la raison, qui voudrait que chacun fût jugé par ses pairs, il y en aurait bien d'autres. Veut-on dire que de nos jours il n'y a plus de privilèges attachés à la naissance ? Mais encore, si comme autrefois la loi attachait des privilèges à la naissance, ne serait-ce pas de par la loi qu'on en jouirait ? Et d'ailleurs n'y a-t-il donc plus de privilèges attachés à la naissance ? Ouvrez le code civil et vous verrez que tous les privilèges réservés aux citoyens français appartiennent de droit à celui qui est né d'un père français. On a poursuivi à outrance des privilèges vains et insignifiants et on n'a rien dit contre le plus grand de tous les privilèges, celui d'être riche par le seul fait d'être né d'un père riche ! Comment ! cent mille francs de rente sont attachés à la naissance de cet éclopé qui embarrassera la société, tandis que pas un écu ne s'est trouvé à côté du tombeau de mon père ? et pourtant on nous dit que nous sommes égaux devant la loi ! S'il y avait de la franchise dans le cœur des hommes de parti, ils diraient qu'il y a égalité devant la loi qui établit toutes les égalités. Qu'est-ce que le code civil sinon un vaste répertoire de privilèges ? N'est-ce pas la loi qui nous donne le privilège d'acquérir, d'hériter, de posséder, d'aliéner ? Il n'est pas une action sociale qui ne s'exerce par privilège : aux magistrats le privilège de me juger, aux avocats celui de me défendre ou de me laisser condamner, aux médecins le droit de m'administrer des remèdes, aux professeurs celui de me donner une ration de science réglée par un certain nombre d'individus qui forment un conseil et représentent l'Etat.

On dit que ces privilèges sont nécessaires, inévitables ; certes, nous n'oserions pas le nier, nous savons que l'inégalité des conditions, l'existence des privilèges, la distinction des emplois, la fixité de certaines professions sur certaines personnes sont les éléments nécessaires de la civilisation ; nous savons qu'en dehors de ces privilèges il ne peut y avoir que l'état sauvage ; mais ce que nous trouvons parfaitement ridicule, c'est l'indignation factice qu'excite dans votre âme le privilège d'une particule, tandis que vous souriez au privilège qui vous enrichit. Que l'on dise si l'on veut que l'égalité a fait un pas de plus dans l'ordre social, mais que l'on ne donne pas cette égalité devant la loi comme une conquête ; car il n'y aurait plus de sincérité.

Si l'égalité sociale est une condition indispensable à la République, il faut en conclure que la République est impossible, vu que le pouvoir de la naissance est indépendant des lois, et que nos mœurs, nos besoins et nos idées s'accordent avec la législation pour faire marcher la société au moyen des privilèges et des inégalités sociales.

Ce serait pourtant une erreur de croire que le mot *égalité,* inscrit dans les lois issues des révolutions, se trouve sans portée ; il en a plus qu'on ne pense, mais il n'est réellement compris que par les chefs de parti, par ceux dont la pensée embrasse tout entier le système du socialisme vers lequel nous marchons à grands pas. On a beaucoup parlé de progrès : les uns ont cru qu'il s'agissait du perfectionnement moral de l'espèce humaine ; les autres de son perfectionnement physiologique ; le plus grand nombre des prôneurs du progrès en voyait surtout le développement dans l'industrie et la civilisation ; mais dans la pensée des meneurs du mouvement politique, le progrès c'est tout ce qui contribue à rapprocher les hommes du même niveau. Pour eux, le dernier terme du progrès c'est l'égalité parfaite, l'égalité radicale.

La fortune tenant le premier rang parmi les moyens d'influence, les niveleurs ont surtout à cœur, non pas seulement de faire régner parmi les hommes l'égalité des richesses, mais de couper le mal par la racine, en détruisant la possession. Ils sont allés lentement au but, mais ils n'ont jamais cessé d'y tendre. En 1789 ils frappèrent un grand coup, saisirent les fortunes nobiliaires, les possessions de mainmorte pour les diviser entre un grand nombre de nouveaux possesseurs. Ils abolirent les majorats et inscrivirent dans le code civil des lois d'hérédité qui chaque jour font faire des pas immenses vers l'égalité dans les fortunes. La loi du progrès ne voulait pas qu'on s'arrêtât là : il s'agit tout simplement de détruire l'hérédité. Un écrivain ancien, parlant d'un âge avec lequel nous avons plus de ressemblance qu'on ne croit, a dit qu'au temps de la décadence de Rome il y avait une génération d'hommes qui, n'ayant point d'héritages, ne voulaient point souffrir que d'autres en eussent. Il en est de même parmi nous. La secte des socialistes, aujourd'hui si nombreuse et à peu près toute-puissante, gagne tous les jours du terrain ; qu'elle arrive à son but par des lois comme le veulent certains sectaires, ou qu'elle y arrive par une grande commotion sociale, il est bien à craindre que nous ne puissions échapper à ce fléau. Nous aurons la Commune légale.

L'influence de la fortune étant détruite, il n'y aurait plus rien à redouter du talent, il resterait enfoui dans les esprits condamnés à demeurer incultes faute d'encouragement, d'émulation et de but déterminé. Qui pourrait nous assurer que nous ne verrons pas sous peu régner l'égalité de la misère, de l'ignorance, de la dégradation ? Et le tout serait bien vite suivi de l'égalité de l'abrutissement. Personne sans doute ne veut cette égalité que poursuit le socialisme, et pourtant nous y marchons à grands pas. Il est impossible de ne pas être frappé de la décadence que subit la liberté civile, à mesure que nous avançons vers la liberté politique. La France, entrée dans la voie des libertés politiques dès l'ouverture de la Convention, a sans cesse marché vers la servitude civile. Pas un corps constituant ou législatif qui n'ait employé tous ses moyens à ajouter un anneau à la chaîne que porte chaque citoyen. Cette véritable armée de décrets, d'ordonnances qui oppriment l'esprit humain, que fait-elle, sinon enlever à l'homme la spontanéité des actes qui se rapportent le plus directement à son individualité ? Il n'est pas une liberté contre laquelle on ne trouve des armes dans cet épouvantable arsenal que l'on nomme bulletin des lois. Il n'y a plus de vie privée ; les législateurs populaires ont tellement percé les maisons que la loi entre partout et saisit le citoyen à tous les âges et presque à toutes les heures de sa vie. C'est peu de l'appeler sous les drapeaux, de taxer sa fortune, de toiser son champ, la loi intervient dans toutes les conventions qu'il fait avec ses voisins. Qu'il se marie, qu'il établisse ses enfants, qu'il écrive l'acte de ses dernières volontés, qu'il règle l'héritage de ses pères, qu'il donne ou qu'il promette, la loi est toujours là comme ces tyrans qui suivaient leurs victimes jusque dans leur sommeil. La raison préside aux lois purement répressives, mais elle cède la place au despotisme quand les lois ont la prétention de tout prévoir, de tout régler. Vous croyez, Français, qu'il y a égalité devant la loi? J'en conviens, mais c'est l'égalité du bœuf qui est sous le même joug que son voisin.

L'égalité radicale est dans l'essence de la république démocratique sociale; l'égalité limitée dans les droits et les devoirs est la base d'une république ordinaire, et les privilèges portés à l'excès ne peuvent s'allier qu'à la monarchie et à la république oligarchique; elles seules admettent que les inégalités naturelles peuvent produire des inégalités sociales dont on ne peut, sans une tyrannique oppression, arrêter le développement. S'il est vrai que la démocratie n'est favorable ni à la production ni au développement des grands hommes, et que le même niveau qui passe sur les institutions passe aussi sur les intelligences, que devons-nous attendre du communisme?

Sous un gouvernement populaire, dans le système de l'égalité, ce serait à la classe inférieure qu'il appartiendrait de juger des vertus et des talents; mais il ne faudrait avoir aucune connaissance des hommes, pour ne pas comprendre que tous les choix seraient décidés par la cabale, par la corruption ou par la crainte. Sans doute il serait à désirer que les emplois publics ne fussent jamais confiés qu'aux hommes les plus éclairés et les plus vertueux : c'est le but vers lequel doivent tendre tous les gouvernements; mais comme les lumières et la probité ne se révèlent pas toujours par des caractères extérieurs et sensibles, la stabilité et la paix de l'ordre social demandent qu'on défère à certains avantages qui donnent le plus de garanties. Dans un Etat bien ordonné les prérogatives de certaines classes sociales garantissent les droits des classes inférieures. Un coup frappé sur les premiers ordres menace tous les citoyens. Le principe de la propriété une fois entamé, on ne peut plus dire où s'arrêtera le brigandage. Toutes les conditions reçoivent des conditions supérieures l'exemple et l'obéissance; toutes apprennent à tempérer la rigueur du commandement à l'égard des conditions inférieures. De là naissent ces habitudes de respect, de considération, de bienveillance et de politesse qui forment les mœurs sociales, développent le sentiment de l'honneur et commandent le respect pour l'opinion publique. Dans les gouvernements modérés, l'ordre et la liberté se conservent par la gradation des conditions. Les ordres intermédiaires comblent la distance qui sépare le peuple du souverain ; ils tempèrent la force du gouvernement en empêchant qu'elle ne tombe de toute sa hauteur sur le peuple; ils répriment ou modèrent les mouvements séditieux auxquels le peuple toujours inquiet, mécontent et crédule, s'emporte, ou se laisse entraîner si facilement. Ce sont des ancres qui retiennent le vaisseau de l'Etat entre deux écueils également redoutables, le despotisme et l'anarchie.

Les esprits étroits n'envisagent l'inégalité parmi les hommes que comme une source de jalousies et de débats, soit entre les citoyens, soit avec le souverain. Ils ne voient que les vices des hommes, ils ne comprennent pas que c'est par la rivalité et l'opposition d'intérêts que se soutient la liberté publique. L'égalité absolue entre tous les citoyens serait infailliblement l'effet d'une oppression générale, car il serait insensé de l'attendre de la vertu.

En France, tant que les trois ordres principaux de la nation vécurent en parfaite harmonie, le souverain n'osa jamais abuser de son autorité, et du mépris de certaines maximes dictées par la sagesse du temps sont nés tous les malheurs de notre pays. Suivons la marche de la Révolution, nous y verrons le développement progressif des principes anarchiques de la liberté et de l'égalité. Une faction de gens déclassés, de francs-maçons médite sans se lasser jamais la subversion des principes constitutifs de la société. Si le peuple fut assez puissant en 93 pour faire la loi, pour déconcerter même l'ambition des factieux et la sotte vanité des artisans, qui vous a dit que cette même prétention ne surgirait pas de nouveau? Si l'on put en vertu de l'égalité dépouiller le clergé et la noblesse des privilèges dont ils jouissaient depuis l'origine de la monarchie; si, au mépris des titres les plus authentiques et de la prescription la plus légitime, il fut permis de leur enlever leurs biens, pourquoi le peuple ne demanderait-il pas à nouveau le partage des biens? Les biens des familles appartiennent-ils moins à la nation que ceux du clergé? Et qu'est-ce qui compose la nation, sinon cette classe nombreuse, indigente et laborieuse, qui enfin rentre dans ses droits naturels en mettant l'égalité à la place des institutions tyranniques de la société? Ainsi raisonne la populace, sans voir que les vraies sources de la richesse, l'industrie, le travail, le commerce, s'en vont pour faire place à la misère et aux interminables dissensions.

La paix, la prospérité, la gloire et le bonheur sont pour les nations le prix des vertus civiles et morales; la discorde, la misère, l'opprobre marchent à la suite de la révolte, de la licence et de l'immoralité.

En un mot, la chimère de l'égalité est la plus dangereuse de toutes dans une société. Prêcher au peuple ce détestable système, ce n'est pas lui rappeler ses droits, c'est l'inviter au meurtre, au pillage; c'est déchaîner des animaux domestiques et les changer en bêtes féroces.

Eh bien! vous, les faiseurs de politique, vous vous méprenez sur les sentiments du peuple si vous croyez que son sens moral est au niveau du vôtre. De son dos vous vous êtes fait une échelle pour gravir les sommets du pouvoir; mais prochainement il va user contre vous de l'arme que vous lui avez mise entre les mains et vous montrera qu'il sait faire la différence des hommes honnêtes d'avec les charlatans et les chevaliers d'industrie. C'est la grâce que je souhaite à mon pays.

XIV

Du gouvernement républicain.

Par République on entend une forme de gouvernement où le peuple exerce l'autorité souveraine. De tous temps les hommes politiques se sont occupés de choisir la meilleure ou la moins vicieuse forme de gouvernement. Nous lisons dans l'histoire que les Perses, après la mort de Cambyse, voulant se choisir un gouvernement, consultèrent les hommes honnêtes de leur pays. Parmi ceux-ci, l'un opina pour la forme monarchique, l'autre por la forme aristocratique, un troisième pour la république. Un certain Mégabyse parla en ces termes: « Mettre le gouvernement à la direction de la multitude, il est certain qu'on ne peut rien imaginer de moins sage. Pourquoi se soustraire à la puissance d'un seul pour s'abandonner à la tyrannie d'une multitude aveugle et déréglée? Si un roi fait quelque entreprise périlleuse, il est capable d'écouter les conseils des autres; tandis que le peuple, inconscient et aveugle, méconnaît le plus souvent ses propres intérêts, fait toutes choses avec précipitation, sans jugement et sans ordre; il ressemble à un torrent qui marche avec impétuosité et à qui on ne peut opposer une barrière; si l'on souhaite la ruine des Perses, on n'a qu'à établir chez eux le gouvernement républicain. »

Les factions, les cabales et les brigues de toutes sortes rendent presque toujours le gouvernement du peuple aussi injuste, aussi violent, aussi despotique que celui des monarques les plus arbitraires. Il faut méconnaître tout à fait l'humanité et ignorer l'histoire, pour ne pas savoir que les sociétés entières sont sujettes aux mêmes fautes, aux mêmes bévues, aux mêmes passions que les particuliers. Dans le gouvernement républicain chacun espère devenir tyran à son tour et personne n'a rien à lui dire; c'est une forme du gouvernement opposée aux règles les plus vulgaires du simple bon sens. Les partisans de la République voudraient nous en faire accroire quand ils disent que ce gouvernement est préférable à celui que soutiennent les flatteurs des rois. En parcourant l'histoire des usurpateurs on voit, presque toujours, les républicains se faire les flatteurs du peuple. C'est toujours, ou leur liberté qu'on veut leur rendre, ou leur bien qu'on veut leur assurer, ou leur religion qu'on veut rétablir; le peuple se laisse flatter et reçoit le joug; c'est toujours à ce terme qu'aboutit la souveraine puissance dont on le flatte, et il arrive que ceux qui flattaient le peuple deviennent les suppôts de la tyrannie. C'est ainsi que les peuples se font des maîtres plus absolus que ceux qu'on leur fait quitter, sous prétexte de les affranchir. Les lois qui servent de rempart à la liberté publique sont abolies et le prétexte d'affermir une domination naissante rend tout permis.

Pour nous dégoûter du gouvernement populaire nous n'avons qu'à entendre ce qu'écrit M. Thiers, dans son *Histoire de la Révolution française :* « Depuis ce temps où Tacite la vit applaudir aux « crimes des empereurs, la vile populace n'a point changé. Tou- « jours brusque dans ses mouvements, tantôt elle élève l'autel de « la patrie, tantôt elle dresse des échafauds. »

Il y a bientôt cent ans que, poussée par des novateurs qui la trompaient, la France entra dans le régime républicain qui lui promettait tout à la fois la liberté, l'égalité, la diminution des charges, la prospérité, la lumière et le bonheur. Une répulsion presque universelle se manifesta pour des formes sociales étrangères aux mœurs, aux affections et au langage d'un peuple nourri dans les habitudes de la monarchie. Lorsque les novateurs s'aperçurent que les républicains manquaient à leur République, ils prirent le parti de pousser à bout leur entreprise en renversant tous les obstacles qu'ils pourraient rencontrer.

On a fouillé dans la nature du cœur humain pour trouver la raison de cette férocité brutale, on ne l'a pas trouvée parce qu'on la cherchait où elle n'était pas. La voici, ce me semble: Quand les francs-maçons s'aperçurent que la France refusait de les suivre, ils comprirent qu'il fallait arrêter la Révolution ou étouffer la France; ils prirent ce dernier parti. Briser avec le passé, brûler l'histoire, démolir les monuments, renverser les autels, interrompre toutes les traditions, pousser à la frontière tous les bras qu'on aurait pu redouter à l'intérieur, tuer les uns, paralyser les autres, former une jeunesse au mépris de la religion en lui donnant de l'enthousiasme pour des institutions qu'elle ne connaissait point encore : voilà ce qu'il fallait faire. Il fallait balayer la France pour préparer un logement à la République, sans cela il serait difficile de comprendre pourquoi les émeutiers demandaient le moyen de couper à la fois trois cent mille têtes.

Ce qui se passa en 93 faillit se renouveler en 48. Ce qui échoua en 93 et en 48 paraissait, naguère encore, devoir réussir de nos jours. La forme républicaine, votée à la majorité d'une voix, est depuis quinze ans le gouvernement de notre pays. Y est-elle naturalisée? et faute de naturalisation est-elle assez forte pour s'y maintenir? A peine revenus de l'étonnement que leur a causé leur victoire, les agents de la Révolution de 48 se comptèrent et, persuadés qu'ils étaient trop peu nombreux pour donner à leur établissement des chances de vie, à l'exemple de leurs devanciers ils formèrent le projet de convertir la France. A l'exception des échafauds, tout fut mis en œuvre: retard des élections, circulaires démagogiques, promesses trompeuses, émissaires secrets, organisation de clubs, destitution des employés, prodigalités des deniers publics, tout fut mis en usage pour implanter l'amour de la République dans l'esprit et le cœur des Français. A tous ces moyens qui étaient déjà connus, les révolutionnaires de 1848 comme ceux de 1885 ont pu ajouter l'influence universitaire.

L'université employée comme moyen ou comme instrument de perturbation sociale est un article tout nouveau. N'est-ce point proclamer aux yeux de l'Europe que le peuple français a dévié de l'état normal qu'il devait à la raison des temps ? On juge qu'il est nécessaire d'initier le peuple à la connaissance des droits qu'il vient d'acquérir et des devoirs que lui impose la nouvelle constitution qui lui est donnée ; mais s'il ne les connaissait ni les uns ni les autres, il n'a pu ni les désirer ni les vouloir. La République, dans ce cas, n'est pas seulement une surprise, elle est une usurpation violente exercée sur le peuple qui ne la connaissait pas, en faveur d'un parti qui la jugeait favorable à ses propres intérêts.

N'est-il pas démontré par les précautions universitaires que la forme républicaine ne s'accorde ni avec les mœurs ni avec les idées de la France ? Qu'est-ce à dire, sinon qu'après avoir de vive force forgé une République pour la France, il faut maintenant forger une France pour la République ? Non, non, un peuple qui a l'inappréciable avantage de posséder le gouvernement qui lui convient le mieux n'a pas besoin qu'on lui donne des leçons pour le lui faire connaître. C'est l'usage, le temps et la nature qui prennent soin de son éducation politique, la plus longue, la plus difficile des éducations. Quand il y a eu un contact prolongé entre un individu et le char social sur lequel il s'avance, il n'y a pour lui ni crainte ni défiance. Qu'il soit simple passager, qu'il touche aux rouages ou qu'il soit au timon, il est toujours prêt à le soutenir dans les mauvais pas, à le défendre contre les injustes agresseurs.

Mettre de l'harmonie entre les idées d'un peuple et des institutions qui lui sont nouvellement imposées par la force ou par le concours fortuit des circonstances, c'est un but louable et bon que tout citoyen honnête peut se proposer; mais comment opérer cette sorte de miracle ? Comment faire naître parmi les sujets dont les pères ont obéi à la succession de cinquante rois des mœurs qui soient dans un rapport parfait avec une constitution démocratique ? Les années peuvent enfanter ce prodige. La France n'en est pas à son coup d'essai ; mais qu'a prouvé l'expérience, si ce n'est qu'elle n'était pas encore mûre pour la République, et que ceux qui veulent la lui imposer ne la comprennent pas mieux que ceux qui doivent la recevoir ? Nos fameux législateurs jettent à pleines mains de la démocratie sur toutes les mesures civiles, militaires, administratives ; puis, en protestant de leur amour pour la République, et persuadés qu'ils sont arrivés à en faire une, ils plient le genou devant leur idole en attendant que trente-sept millions de Français en fassent autant. J'ai en trop grande estime le bon sens de mes compatriotes pour les croire capables d'aimer cette déesse sur parole.

On attend beaucoup de l'influence universitaire ; on n'a pas tort. L'enseignement donne des idées, établit des doctrines ; mais cela ne suffit pas. Quarante mille instituteurs diront aux enfants des quarante mille communes de France ce que c'est que le citoyen, l'électeur, le député, le suffrage universel, et tout ce qui constitue le bagage de la démocratie. Ils feront connaître à la jeunesse, grâce aux manuels de Paul Bert et Cie, toutes les malversations des financiers monarchiques ; mais quelle impression ces idées feront-elles sur des esprits qui n'ont pas été dressés au culte de la République ? A l'école, on peut apprendre à connaître ; ce n'est qu'au foyer paternel qu'on apprend à aimer. Ce qui fait chérir et aimer cet être moral qu'on nomme patrie, c'est l'ensemble des souvenirs qui l'entourent et qui l'honorent ; c'est l'enivrante pensée des belles actions accomplies par elle, c'est une goutte de sang que l'on a versée pour la défendre. Je ne crains pas de le dire, la République est encore trop jeune en France pour avoir déjà conquis tout ce qui est nécessaire pour constituer une patrie. Il faut bien espérer que jeunes gens et hommes mûrs qui ont entendu parler de la poule au pot du bon roi Henri IV, enverront au diable cette République qui, chaque fois qu'elle a essayé de s'implanter en France, a cassé les œufs, a tué la poule, et menace de manger tout le reste.

Il y a bientôt un siècle que les expérimentateurs travaillent sans que l'inutilité de leurs expériences ait pu ni les corriger ni les instruire.

Si l'on porte sa pensée sur l'agitation des esprits, l'effervescence des idées, les essais politiques si souvent renouvelés ; si l'on considère surtout l'insouciance avec laquelle le peuple regarde passer les pouvoirs déchus et voit venir les pouvoirs naissants, on est forcé de convenir que ce même peuple attend, cherche et désire quelque chose de nouveau, quelque chose dont il a le sentiment et l'instinct sans savoir le définir. On ne peut se dissimuler qu'il y ait en France et en Europe une tendance à la démocratie; mais il nous semble que les exigences sur ce point ont reçu de nombreuses satisfactions : les têtes qui dépassaient les autres ont été coupées; les tours féodales, en s'écroulant, ont salué la Révolution. Etait-ce bien là ce que tout le monde désirait? Le peuple soupirait après la liberté. Adressez-vous à toutes les classes, interrogez tous les partis, faites parler tous les individus, tous vous diront qu'ils veulent la liberté, qu'ils ont combattu et qu'ils sont prêts encore à combattre pour la liberté. Telle est la disposition des esprits; elle est générale, universelle; c'est la plus énergique manifestation du droit. Parcourez l'Europe et dites-nous s'il est possible d'y trouver un seul coin de terre qui soit vivifié par le souffle de la liberté. La Russie est la patrie de tous les esclavages; l'Autriche enchaîne sous sa domination des provinces qui réclament leur nationalité; l'Angleterre, le pays des grands privilèges, l'est aussi des grandes servitudes. Le pauvre a beau y coudoyer le riche, l'Irlande a beau réclamer son indépendance, la liberté n'y sera jamais qu'une fiction. La France, l'Italie et l'Espagne gémissent sous la verge de ce despote à qui l'on donne le nom d'Etat. La Suisse, que l'on s'est plu depuis longtemps à citer comme le type des pays libres, est soumise actuellement au régime du radicalisme le plus éhonté. Demandons-nous donc si les révolutions, qui ont bouleversé l'Europe entière, sont ou ne sont pas de nature à produire la liberté. Assurément, les deux forces qui sont sorties des sociétés secrètes pour donner l'impulsion à ce vaste mouvement sont sorties de deux principes antipathiques à toute liberté; il n'y a dans la libre-pensée ni dans le socialisme aucun germe d'émancipation pour l'humanité. On a, d'ailleurs, tellement méconnu la nature de la liberté qu'elle demeure encore à l'état d'énigme dans la science politique. Le peuple, qui forme le fond de la société, et qui en constitue la force, se range volontiers du côté de ceux qui lui promettent la part plus belle; et, dès lors, il abandonne ceux dont les convictions sont en tout conformes à la liberté, pour aller grossir et fortifier le parti des agitateurs ambitieux, qui méditent en secret l'asservissement de tous, afin de voir se réaliser les rêves socialistes qu'ils ont conçus.

XV

La liberté religieuse est incompatible avec la République.

La liberté la plus chère à l'homme est, sans contredit, celle de la conscience. Il tient à Dieu par tant de liens, qu'il est impossible d'en rompre un seul sans lui causer d'immenses douleurs. Il y tient par son âme, où le nom de Jéhovah a été tracé en caractères ineffaçables; il y tient par son corps, dépendant d'une puissance supérieure qu'il est forcé de reconnaître; il y tient par sa pensée qui s'élance dans l'infini pour voler vers quelque chose de plus grand, de plus beau, de plus parfait que ce monde.

La première pensée de l'homme étant une pensée de l'être infini, son premier besoin est celui de la liberté religieuse. Rien ne peut donner une idée du tourment que souffrent les hommes obligés de vivre sous l'empire d'une loi tyrannique qui contrarie leur foi. L'enfer seul en est la juste expression.

C'est de la liberté religieuse que découlent toutes les autres. Que la religion soit libre, elle instruira et fera resplendir les intelligences de sa lumière; elle encouragera par son esprit de charité universelle toutes les associations, en mettant à côté de chacun un préservatif contre les dangers qui les accompagnent; elle portera dans la famille des idées de grandeur et de dignité, en faisant connaître la véritable origine de la propriété, qu'elle fera respecter de tous. La société serait riche de libertés si la religion était affranchie de toute entrave. Or c'est précisément la liberté religieuse que les dépositaires du pouvoir républicain poursuivent avec le plus d'acharnement; mais ne croyez pas que toutes les religions vaillent la peine d'être asservies ! c'est au catholicisme seul que l'on déclare la guerre. On tolère le protestantisme comme une source d'opinions incapable de produire le zèle de la foi. Il ne viendra jamais à l'esprit d'un libre-penseur de déblatérer contre le christianisme de la Russie, ni contre le mahométisme. Au contraire, partout où le catholicisme se montre, on voit surgir une armée d'ennemis prête à l'enchaîner et le détruire si la chose était possible. L'universalité de la guerre déclarée au catholicisme est peut-être le plus grand phénomène qui se présente dans l'histoire humaine. Il n'y a donc réellement que la vérité positive et absolue qui puisse exciter un accord de haines aussi extraordinaires. Cette guerre prend toutes les formes, depuis la persécution ouverte, marchant avec les supplices et les bourreaux, jusqu'aux disputes sérieuses et à cette protection hypocrite que l'on accorde à la religion pour l'étouffer avec moins de bruit.

Dans tous les temps, il y a eu entre les persécuteurs de la religion un accord de volonté qui ne peut s'expliquer que par une vaste organisation qui a son mot d'ordre et ses signes de ralliement. Pour accroître la puissance de son action, cette phalange infernale a cherché à enrôler sous ses drapeaux les gouvernements et les princes, et nous savons, hélas ! qu'elle n'a que trop bien réussi.

Les libres-penseurs ont dit : L'exercice de la charité chrétienne donne au prêtre une prépondérance fâcheuse pour nous ; il fait des hospices, des hôpitaux, des écoles, des crèches, des salles d'asile, des fondations de tout genre et pour tous les besoins. Otons-lui le moyen d'aller au cœur des populations. Aussitôt des lois sont venues confisquer les fondations, fermer les écoles, écarter le prêtre de toutes les administrations des œuvres de bienfaisance. Le point essentiel aux yeux des législateurs était d'ôter au prêtre le moyen de remplir sa mission d'ami auprès des pauvres, et de mêler le secours moral qui guérit les souffrances de l'âme au secours matériel qui calme pour un instant les besoins du corps.

En remplaçant le prêtre ou le religieux par le mercenaire, on a dû remplacer aussi la charité chrétienne par la philanthropie. La première élève l'homme en l'instruisant de son origine et de sa fin ; la seconde, en le bornant à n'être que l'ami de son semblable, le dispose à la servitude ; c'était ce dernier terme que l'impiété voulait atteindre.

La tolérance qui fut accordée à tous les cultes en 93 se changea, à l'égard de la religion catholique, en une intolérance barbare dont les fastes de la tyrannie ne nous ont pas laissé d'exemple. Mais, quelque mépris que l'impiété affectât pour les opinions religieuses, les gouvernants ne tardèrent pas à s'apercevoir que l'on ne peut pas diriger longtemps les peuples par l'enthousiasme et par la terreur; qu'un patriotisme exalté par la licence ne tient pas lieu des vertus domestiques et sociales; que les mêmes passions qu'ils avaient dirigées contre l'ordre public se tourneront contre eux dès que les esprits commenceront à se refroidir. S'ils sentirent le besoin de débarrasser le peuple du frein de la religion pour gouverner le pays à leur manière, ils comprirent aussi qu'il n'était pas moins nécessaire de l'y soumettre de nouveau pour donner quelque stabilité à leurs institutions. En 48, en 79, les républicains ont été persécuteurs comme en 93.

Un peuple qui perd la religion perd en même temps toute notion de morale, de justice et d'honnêteté. Il en est de la religion comme des lois. Les lois ne suffisent pas toutes seules pour maintenir l'ordre parmi les hommes. S'il n'y avait pas une religion positive et des lois civiles, le peuple ne connaîtrait ni loi, ni religion.

L'histoire de la Révolution dira par quelles manœuvres on parvint à détacher le peuple d'une religion dont il aimait le culte, dont il respectait les ministres, et comment la violence a consommé ce qu'avaient préparé l'hypocrisie et la séduction. Elle dira aussi que c'est la religion qui, sortant de ses ruines, ranimera le courage des amis de la vraie liberté. Le peuple éclairé par le malheur sentira tout le prix de la religion qu'il s'était laissé ravir; il ne cessera de la demander quand sa voix ne sera pas étouffée par la terreur.

Des spectacles licencieux, des saturnales patriotiques peuvent bien étourdir et distraire la multitude, mais non la consoler et lui apprendre la résignation dans ses maux. Les gens du peuple seraient-ils impies par raison, qu'ils seraient religieux par sentiment. Il faudra bien enfin lui donner une religion, et cette religion, quoi que l'on fasse, ne pourra se passer des pompes d'un culte extérieur et public. Une religion qui ne présente qu'un cérémonial institué par les hommes n'est pour le peuple qu'un règlement de police, et cette religion qui emprunte de la puissance civile toute son autorité ne lui prête aucune force. Le ressort de la religion se brise dans les mains du législateur qui veut le tendre et le diriger à son gré.

Combien est aveugle le fanatisme de l'irréligion ! Des révolutionnaires, assez stupides pour effacer jusqu'au dernier vestige de la foi de nos pères, abolirent jusqu'au calendrier et imaginèrent une nomenclature de mois qui séparait la France de toutes les nations civilisées.

Quel étrange contraste nous offrent les principes du gouvernement républicain et l'état de la France depuis la Révolution ! D'une part la liberté la plus étendue, de l'autre l'oppression la plus tyrannique ; un code qui consacre toutes les prétentions de la licence, une administration qui se joue de tous les droits de la nature. La déclaration des droits de l'homme portait que nul ne devait être inquiété pour ses opinions religieuses, et cette liberté devint le signal de la plus atroce persécution. C'est ainsi que la liberté politique amène la servitude civile, que la liberté des droits anéantit la prospérité, que la souveraineté du peuple enfante l'anarchie. Ces contradictions ne peuvent pas nous étonner, une législation faible ne laisse à ceux qui gouvernent que la ressource de la tyrannie. Quand la multitude n'est pas contenue par les lois, il faut qu'elle soit enchaînée par ses conducteurs.

La religion et le gouvernement sont deux puissances distinctes et séparées, mais qui doivent s'unir étroitement pour leur propre intérêt et pour l'intérêt du peuple dont le bonheur leur est confié ; quelque différence qu'il y ait dans leur but immédiat et dans leurs moyens, ces deux puissances se prêtent mutuellement une force auxiliaire qui seconde leur action naturelle. La religion réprime les passions qui tendraient à détruire l'autorité souveraine ; le gouvernement doit à son tour réprimer l'impiété et punir les actes extérieurs qui blesseraient le respect dû à la religion. Le gouvernement doit protéger la religion comme la religion défend le gouvernement ; les ennemis de l'un sont invariablement les ennemis de l'autre. Cette protection que le souverain doit à la religion n'est pas incompatible avec une sage tolérance qui respecte la liberté des consciences et se garde bien de punir comme des crimes, des opinions erronées où l'ordre public n'est pas intéressé. Le devoir du gouvernement à l'égard de la religion est rempli, lorsqu'il a fait servir au triomphe de la vérité tous les moyens de persuasion et d'encouragement que l'autorité suprême lui met en main. Un zèle persécuteur n'est pas moins contraire à l'esprit et aux maximes du christianisme qu'aux principes de la politique et aux droits de la conscience. La conscience est un sanctuaire où nulle puissance humaine n'est en droit de pénétrer. Dieu seul est juge des pensées; mais si une conscience erronée se produit au dehors par des discours, des écrits ou des actes dangereux, la loi, sans blesser l'inviolabilité de la pensée, peut la réprimer par des peines proportionnées au délit.

Nous venons de prononcer le mot de tolérance. C'est là encore une de ces expressions dont les révolutionnaires font un grand abus et qui demande quelques explications. On distingue deux sortes de tolérance : la tolérance théologique et la tolérance civile. L'une envisage la religion dans ses rapports avec l'immortalité de l'âme, l'autre ne la considère que dans ses rapports avec l'ordre social. Le théologien examine une religion, pour savoir si elle vient de Dieu ou des hommes; le souverain, pour savoir si elle est conforme ou contraire à l'intérêt et aux lois de l'Etat. La tolérance théologique ne tend ni à diviser les esprits, ni à troubler l'ordre social. Le christianisme est plus propre qu'aucun autre système religieux à réunir tous les hommes par les liens d'une charité universelle. Une religion qui nous apprend que tous les hommes sont frères; qui nous ordonne d'aimer notre prochain comme nous-mêmes et nous le montre dans le juif comme dans le chrétien; une religion qui ne veut conquérir que par la persuasion et ne sait se défendre que par la patience, est bien éloignée de prêcher la guerre et le meurtre, comme ses ennemis de mauvaise foi le prétendent. Sans doute, dans le commerce de la vie, les hommes ne peuvent se demander compte de leurs opinions qu'autant qu'elles intéressent l'ordre social. Il ne faut qu'une mesure ordinaire de bon sens et de justice pour se sentir porté à estimer, même à chérir ceux en qui l'on découvre les vertus, les qualités morales, quels que soient leurs sentiments sur le fait de la religion. L'intolérance théologique est un dogme qui appartient à toutes les religions; elle ne deviendrait dangereuse qu'autant qu'elle se trouverait unie à des dogmes incompatibles avec l'ordre public. Or, où trouvera-t-on dans son enseignement des principes qui ne tendent à resserrer les liens de la société civile? Il faut être de bien mauvaise foi pour conclure que le christianisme est l'ennemi naturel de l'autorité civile, parce qu'il s'attribue une autorité indépendante de toute puissance humaine.

La tolérance civile consiste à aimer et à respecter les hommes, quelles que soient leurs opinions religieuses. C'est par l'instruction et par la bienfaisance et non par la terreur que le christianisme a conquis le monde. L'Eglise enseigne qu'il n'est pas permis d'user de violence en matière de religion. La conduite des chrétiens dans aucun temps ne fut une hypocrite soumission qui cachait le désir d'usurper le pouvoir, puisque le christianisme victorieux n'a pas changé de langage. Mais qu'importe la vérité aux hommes de parti, aux sectaires fanatiques ? Ces accusations bêtes, cent fois réfutées, ils les répèteront toujours, parce qu'elles servent admirablement leur cause.

Sans doute ces principes ont été souvent méconnus. Mais la doctrine de l'Eglise n'a jamais varié sur ce point. La tolérance civile ne doit s'étendre ni aux dogmes subversifs de l'ordre social, ni aux cultes qui troubleraient la tranquillité de l'Etat.

Tels sont les vrais principes, éloignés de l'intolérance fanatique et barbare,

> Qui, prenant le faux zèle et l'intérêt pour guides,
> Ne sert un Dieu de paix què par des homicides,

et de cette indifférence sacrilège qui tolère toutes les religions, parce qu'elle les méprise toutes. Si la législation française se montre indifférente à l'égard de toutes les religions, sous ce masque de l'impartialité nos gouvernants cachent une haine féroce et implacable envers la religion dont la voix importune réclame contre leurs attentats. Jamais persécution ne fut plus hypocritement ourdie. S'ils voulaient s'instruire des leçons de l'histoire, ils apprendraient que la religion chrétienne se fortifie sous les coups de la persécution. En lui déclarant une guerre à outrance, les libres-penseurs ne font que l'attacher de plus en plus à la cause de la nation. Le Christianisme triomphera de la République, et les lys, je l'espère du moins, refleuriront à l'ombre de la Croix.

XVI

Le gouvernement républicain ne peut convenir à la France.

Quelle que soit la forme du gouvernement d'un pays, la société ne peut se maintenir que par l'observation de lois équitables. La vertu est le premier ressort de tout gouvernement, et par vertu j'entends la frugalité, la modération et l'amour de la patrie. Or qui est-ce en France qui crée la République ? Au premier signal d'une révolution préparée de longue main, on voit se former dans tous les centres populeux des sociétés prétendues patriotiques, vil ramas de tout ce qu'il y a d'intrigants, de factieux, d'hommes flétris, perdus de dettes et de débauches. D'abord méprisés par les honnêtes gens, ils ne tardent pas à disposer de l'opinion et des bras du peuple; ils distribuent à leurs affiliés toutes les places de l'administration, ils en créent de nouvelles pour assouvir tous les appétits, ils couvrent le pays d'espions, de délateurs et se posent en maîtres despotiques, dès qu'ils voient le terrain nettoyé et propre à recevoir les fondements de cette anarchie systématique qui met en leurs mains toute la fortune de la nation. Le niveau révolutionnaire fait disparaître les inégalités produites par l'action lente des siècles et du climat; les traditions locales sont brisées par la violence, et pour jouir d'un peu de liberté les citoyens doivent détourner leurs regards du centre qui, au lieu d'être le foyer de la liberté, est devenu celui de la plus odieuse tyrannie. La République française est dans Paris, le reste de la France subit le joug.

Nous sommes, sans contredit, le peuple le plus civilisé de l'Europe et, par cette raison, peut-être le plus corrompu. C'est dans nos vices, dans notre luxe, dans la licence des opinions et par-dessus tout dans l'égoïsme, ce poison froid qui tue toutes les affections sociales, que l'on trouverait la cause de tous nos malheurs nationaux. En 89, en 1848, la nation française était trop vicieuse pour supporter des gouvernements qui demandent le moins de vertu suivant les philosophes, et l'on se persuaderait qu'elle peut être contenue par le gouvernement démocratique, celui de tous qui en demande le plus !

Sans doute il est facile, même à des scélérats, de parler le langage de la vertu, et un peuple étourdi par le malheur peut jurer obéissance aux tyrans qu'il déteste; mais l'amour des lois, le désintéressement, le dévouement à la patrie, l'esprit de frugalité n'entreront jamais dans le caractère d'un peuple qui a perdu ses mœurs. Aux plus mauvais jours de Rome le peuple demandait du pain et des plaisirs; sous le régime de Robespierre, la populace de Paris voulait du pain, des spectacles et du sang; aujourd'hui le peuple de la capitale et d'ailleurs ne connaît que deux sentiments : le plaisir et la peur. Qu'importe à un peuple dégénéré l'intérêt du pays, pourvu qu'on le nourrisse et qu'on l'amuse ! Que lui importe la liberté, si elle est autre chose que la licence et l'impunité !

C'est une maxime élémentaire en politique, que le gouvernement doit avoir d'autant plus de force, que les mœurs, la religion et l'esprit public en ont moins. Or, dans l'état actuel de la France, l'influence de la religion, des mœurs et de l'esprit public est nulle pour le gouvernement.

La démocratie est de sa nature le plus faible des gouvernements, et la démocratie française, par le vice de ses principes, la plus faible de toutes les démocraties. Jamais il n'y eut moins de proportion entre la force du commandement et celle de la résistance; mais ceux qui gouvernent savent fortifier leur autorité en prenant l'esprit et les moyens du despotisme. Quand la vertu ne forme pas des citoyens, la crainte fait des esclaves. Pour un peuple corrompu, il n'est pas de gouvernement plus oppressif que la République, parce que les formes de la liberté ne servent qu'à légitimer la tyrannie. Dans de pareilles circonstances il n'y a point d'autre remède contre le despotisme de l'anarchie que le gouvernement d'un seul.

Pour donner quelque solidité à la République, il faudrait changer les mœurs et l'esprit du peuple. Nos gouvernants l'ont compris et c'est à ce but que tendent toutes leurs lois, toutes leurs opérations. Mais le succès est difficile. Lorsque, par l'action réunie de toutes les causes physiques et morales, pendant quatorze cents ans, il s'est formé dans une nation un caractère et un esprit publics, c'est une entreprise extravagante que de vouloir tout à coup donner à cette nation un autre esprit, un autre caractère.

C'est ainsi que la loi sur le divorce porte dans les familles l'insubordination et la licence. Nos législateurs, qui n'attendent leurs succès que de la violence ou de la corruption, ne sentent pas l'utilité politique de l'union conjugale stable et du pouvoir paternel. C'est pourtant dans la vie domestique que se préparent les vertus sociales. En parlant de vertus civiques on est parvenu à brouiller, à pervertir dans l'esprit du peuple toutes les idées, tous les sentiments de justice, d'humanité et d'honneur.

Quand éclata la grande Révolution, nos mœurs étaient mauvaises, mais nos lois étaient bonnes. La Révolution, conçue et nourrie dans le crime, s'est fabriqué un code assorti à son caractère, et les mœurs sont devenues abominables.

Je ne veux pas dire que dans ce tas immense de décrets, il ne se trouve quelque loi utile; mais quand les bonnes lois seraient aussi nombreuses dans le code révolutionnaire qu'elles y sont rares, il serait de l'intérêt des législateurs d'apporter moins de précipitation à légiférer. Toute nouveauté est par elle-même un trouble dans l'ordre politique. Un sage législateur, quand il fait une loi, la relie à quelqu'une des anciennes institutions. Tout renverser pour réformer quelques abus, c'est brûler une ville pour en redresser les rues.

Avant toutes nos révolutions, la France était un corps usé par l'abus de ses forces, mais qui conservait encore des restes de vigueur et qu'un régime sage eût rétabli. Des empiriques ont entrepris de le régénérer et n'ont su qu'imiter ces filles de la fable qui, pour rajeunir leur père, dépecèrent son corps. Depuis 89 des politiques présomptueux, sans expérience, ont transporté dans une nation parvenue au dernier terme de la civilisation, des lois qui conviendraient à des hommes sauvages que l'on voudrait tirer de leurs forêts. Ils ont ôté au peuple français ce qui lui restait de principes moraux pour l'amener à une forme de gouvernement qui exige les mœurs les plus austères. D'un peuple de sybarites on fait un peuple de cannibales, et ce n'est qu'en propageant la corruption que l'on prépare le peuple à une liberté que toute la vertu des Spartiates eût à peine supportée.

Lorsque, pour la première fois, la France voulut essayer du régime de la République, il lui eût été bien difficile de placer le peuple à côté de la loi et la loi à côté du peuple, de manière à reconnaître jusqu'à quel point ils pouvaient se convenir mutuellement.

L'effervescence des passions, surexcitées par le déplacement de tous les intérêts, les haines qui en étaient le résultat, le bruit des émeutes populaires, les torches de la dissension civile, la guerre étrangère, la fumée du sang qui ruisselait de toutes parts, ne laissaient pas à la raison publique assez de calme et de liberté pour examiner quel gouvernement lui conviendrait le mieux.

Cependant, en dehors des agitations et des maux auxquels la France était en proie, les esprits les plus éminents de l'Europe n'hésitèrent pas à dire qu'elle se trompait sur ses véritables intérêts, sur ses inclinations et ses plus intimes pensées. Il est facile, à la seule inspection de la carte de France, de juger que, pour un pays de cette étendue, la République est impossible. Joseph de Maistre, s'appuyant sur la connaissance qu'il avait du cœur et de l'esprit des Français, avait dit que jamais la République ne prendrait racine en France.

Le gouvernement de la République ne peut s'implanter dans un pays de trente-sept millions d'habitants. La démocratie ne peut convenir qu'à un petit Etat, et toute l'histoire vient à l'appui de ce principe. Les anciennes républiques de la Grèce et de l'Italie égalaient à peine nos villes de second rang. Toutes les républiques modernes ont peu d'étendue, en comparaison de la France.

Les républicains par métier ne manquent pas d'orner leurs discours du langage déclamatoire et des sentiments de l'ancienne Rome. Les Parisiens se sont crus des Romains. Mais l'exemple de Rome est au contraire une preuve bien sensible qu'un grand Etat ne peut subsister longtemps avec le régime républicain. Rome petite, pauvre et vertueuse, avait fondé la République ; Rome puissante, riche et corrompue, ne put être sauvée que par le gouvernement d'un seul.

La France se trouve dans des circonstances toutes semblables à celles qui forcèrent les Romains à chercher un asile dans la royauté. Non seulement la France est trop vaste pour être gouvernée par une République, mais encore elle est peuplée de nations trop différentes pour ne former qu'un seul Etat démocratique. La France s'est accrue successivement par des conquêtes, par des successions ou par des unions volontaires. Chaque province a son caractère propre, que la division départementale ne fera jamais disparaître. La politique de nos rois avait toujours respecté les habitudes locales, en les soumettant toutefois aux lois générales que demandait l'unité de gouvernement. Le régime républicain a beau inscrire en tête de sa constitution que la République est une et indivisible, son esprit tend à diviser et peut, d'un jour à l'autre, déchirer la France en une multitude de petites républiques indépendantes. A ce titre seul, le gouvernement républicain ne saurait convenir à la France. La République sera toujours déchirée par deux fractions irréconciliables : la fraction régnante, se cramponnant au pouvoir ; et le parti de l'opposition, qui ne cessera d'invoquer les principes désorganisateurs pour s'emparer de l'autorité. S'il arrivait que, dans une société composée d'éléments aussi discordants, il s'établît un état de calme et de tranquillité, ce serait le calme de l'abattement, du dégoût et du désespoir.

Le gouvernement républicain est en outre peu conforme au tempérament français. La République n'aura la paix avec les puissances étrangères et ne leur inspirera quelque confiance qu'à la condition de s'épuiser elle-même ; car elle n'aspire à rien moins qu'à fonder l'anarchie universelle sur les ruines de l'ordre social. Le tempérament généreux et hospitalier de la nation la porte à faire un accueil favorable aux socialistes de toute provenance et qui entretiennent un état de perpétuelle effervescence, dont nous sommes responsables vis-à-vis de l'étranger. Je laisse à penser si les républicains sont hommes à donner des conseils de prudence et de sagesse. Arrière donc une forme de gouvernement qui fait de la France un cadavre !

Peuple français, tu tiens tes destinées dans tes mains. Tu es le maître de réformer ton régime gouvernemental, de l'abolir et de t'en donner un autre. De quel droit ces hommes, qui de leur aveu ne sont que tes mandataires, prétendraient-ils te river à leur fortune par des serments irrévocables ?

Oui, républicains, il y a un terme à la patience des peuples, et le moment arrive tôt ou tard où la haine éclate et punit les tyrans. Un retour du peuple désabusé peut renverser ce que la lâcheté et la complicité ont permis de s'opérer. Plus ambitieux que vous, mais d'une ambition différente, nous voulons notre patrie riche au dedans, respectée au dehors. Nous ne pouvons nous faire à l'idée que l'ère de gloire soit close pour la France. Vous avez beau l'étreindre dans vos bras de corsaires, vous ne l'achèverez pas. Elle est encore nécessaire au monde. Nous la prendrons sanglante et meurtrie, nous panserons ses plaies ; redevenue jeune et belle, nous la montrerons à l'univers telle qu'elle fut sous Charlemagne, sous saint Louis, sous Napoléon Ier, et nous pourrons une fois encore inscrire sur son drapeau : Victoire, liberté !

FIN

TABLE DES MATIÈRES

Bar-le-Duc — Typ. L. Philipona et Cie — 1472

39

www.ingramcontent.com/pod-product-compliance
Lightning Source LLC
LaVergne TN
LVHW020333230826
846091LV00003B/861
9782011741523